Heike Bosch, Philipp Braun

Let the Games beGay!

Bewegende Momente bei Sportereignissen der besonderen Art

Touching moments at the greatest gay sports events

Heike Bosch (M.A.), Jahrgang '72, studierte Anglistik, Romanistik sowie Medien- und Kommunikationswissenschaften an der Universität Mannheim und an der Brandeis University, Boston, USA. Da ihre Neugier und ihr Interesse schon immer Menschen und interessanten Themen galt und der kreative Umgang mit Sprache ihre große Leidenschaft ist, arbeitete sie mehrere Jahre als Texterin und Übersetzerin in Werbeagenturen. Heute lebt sie bei Heilbronn und ist als freie Texterin, Konzeptionerin, Übersetzerin und Autorin tätig. (www.das- tapfere-texterlein.de)

Für Steffi – Freundin, Vertraute, Vorbild.

Heike Bosch (MA), born in '72, studied American Literature and Linguistics, French Linguistics as well as Media and Mass Communications at Brandeis University, Boston, USA, and at the University of Mannheim, Germany, and graduated with honours in 1999. As she has always been interested in human interaction, communication and off-mainstream topics, her passion for using language creatively made her become an advertising copywriter. As such she has worked for many years and serveral advertising agencies. Currently, she makes her home near Heilbronn (Germany), where she earns her living driven by her linguistic zeal as a freelance copywriter, author and translator (www.das-tapfere-texterlein.de).

To Steffi – friend, confidante, shining example.

Die Herausgeber
The Editors

Philipp Braun ist 1967 in Tübingen geboren. Er studierte Mathematik und Informatik in Tübingen und absolvierte seinen Master of Science in Engineering and Public Policy an der Carnegie Mellon University in Pittsburgh. Er war Doktorand im Graduiertenprogramm in Medienwissenschaften an der School of Journalism and Mass Communication an der University of Colorado in Boulder. Seit 1998 ist er in einer Bundesbehörde in Bonn als Referent tätig. Sein großes Engagement und seine private Zeit stellt er dem LSVD, dem größten Lesben- und Schwulenverband in Deutschland, und der ILGA-Europe, dem Dachverband der LSBT Verbände in Europa, zur Verfügung. Im LSVD wurde Herr Braun 2003 in den Vorstand gewählt und setzt sich besonders für die Durchsetzung der Menschenrechte von Lesben, Schwulen, Bisexuellen und Transgender ein.

Philipp Braun was born in Tübingen in 1967. He studied mathematics and computer science in Tübingen and graduated with a Master of Science in Engineering and Public Policy from Carnegie Mellon University in Pittsburgh. He was a doctoral student in media studies at the University of Colorado at Boulder. Since 1998 he has been working in a federal government agency in Bonn. He is utilizing his great engagement and free time for the Lesbian and Gay Federation in Germany (LSVD) and ILGA-Europe, the umbrella organization for LGBT groups in Europe. In 2003 he was elected to the board of LSVD and is campaigning especially for the human rights of lesbians, gay men, bisexuals and transgendered people around the world.

Inhalt

Contents

Vorwort

Preface

Als Aktivist, der sich für die Gleichstellung einsetzt und als Teilnehmer, in Verbundenheit mit den Sportlern, habe ich seit über zwölf Jahren internationale, lesbisch-schwule Sportveranstaltungen mitverfolgt.

Bei den 4. Gay Games 1994 in New York erlebte ich Sportler aller Nationalitäten, wie sie bei der Eröffnungsfeier ins Stadion einmarschierten und nahm selbst an der Demonstration zur 25-Jahr-Feier von Stonewall teil, bei der eine Million Menschen am UN-Gebäude vorbeizogen.

1998, bei den 5. Gay Games in Amsterdam, sah ich großartigen Eiskunstlauf und tanzte mit Zehntausenden auf dem Rathausplatz zu „It's Raining Men" von den Weather Girls. 2002 nahm ich bei den 6. Gay Games in Sydney bei der Amnesty International „Global Rights"-Konferenz teil und lauschte gerührt der bewegenden Rede von Richter Kirby bei der Eröffnung.

Das vorliegende Buch – eine Geschichtensammlung zu den Gay Games in Sydney und den EuroGames in München – versucht, den sportlichen Geist der Spiele, den Gemeinschaftssinn und den Mut der politischen Aktivisten aus der ganzen Welt einzufangen.

Manche der Teilnehmer, wie z.B. Rodney Croome, schlüpften während der Gay Games sogar gleich in mehrere Rollen: So nahm er sowohl als gesellschaftspolitischer Aktivist als auch als Sportler teil. Das Gefühl von Stolz sowie die Zugehörigkeit zur Community ist etwas, was den Sport und den Einsatz für Belange von Lesben und Schwulen vereint. So kämpfte sich

As an activist for equal rights, a spectator of great performances and as a participant in a sense of camaraderie I have attended international lesbian and gay sporting events for over a decade now.

In 1994, I saw athletes from all continents march in the opening of the Gay Games IV in New York and joined a million people march past the United Nations in the Stonewall 25 celebrations.

In 1998, at the Gay Games V in Amsterdam, I watched terrific figure skating and danced with tens of thousands on the main square as the Weather Girls sang "Its raining men". In 2002, in Sydney, at Gay Games VI, I participated in the Amnesty International "Global Rights" conference, listened to Justice Kirby's moving speech at the opening and watched great aquatics.

This collection of stories from the Gay Games in Sydney and the EuroGames in Munich captures the athletic achievement, the sense of community, the bravery of activists from around the world and yes the romance of these international sporting events. I very much enjoyed meeting athletes, activists, volunteers and artists from around the world in the magical days of Sydney.

Some like Rodney Croome were at the Gay Games in several roles, he as an activist and as an athlete. The sense of pride and community is something that unfies both sports and activism.

Rodney fought all the way to the UN to end Tasmania's criminalization of

Lesben- und Schwulenverband in Deutschland

Lesbian and Gay Federation in Germany

Rodney durch alle Instanzen bis zur UN durch, um der Kriminalisierung von gleichgeschlechtlicher Sexualität in Tasmanien ein Ende zu bereiten – im Prozess "Tonnen vs. Australia", dem größten und wichtigsten Präzedenzfall der LGBT-Bewegung vor dem Menschenrechtsausschuss der Vereinten Nationen.

Der LSVD ist die größte Bürgerrechtsorganisation für Lesben, Schwule, Bisexuelle und Transgender in Deutschland. Der LSVD ist Mitglied der International Lesbian and Gay Association (ILGA). Gemeinsam mit ILGA setzt er sich für die rechtliche Anerkennung und Gleichberechtigung von Lesben, Schwule, Bisexuelle und Transgender ein. Der LSVD hat sich erfolgreich für die Einführung des Lebenspartnerschaftsgesetzes in Deutschland eingesetzt und kümmert sich um die Belange der sogenannten „Regenbogenfamilien", lobbyiert für ein umfassendes Antidiskriminierungsgesetz, und hält das Gedenken an die lesbischen und schwulen Opfer während des Nazi-Regimes in Deutschland wach.

Während dieses Buch nun in Druck geht, hoffen wir, der LSVD und der Gatzanis Verlag, dass es eine Aussöhnung zwischen den internationalen LGBT-Sportvereinigungen geben wird – und dass es, nach den Sportveranstaltungen 2006, wo die Gay Games in Chicago und die ersten World Outgames in Montréal quasi gegeneinander antreten, im Jahre 2010 wieder gemeinsame Spiele geben wird.

Philipp Braun, Bundesvorstand (LSVD)

gay sex - in the process setting the most important precedent for LGBT rights in "Tonnen vs. Australia" before the UN's Human Rights Committee.

LSVD is the largest civil rights organization for lesbians, gays, bisexuals and transgendered people in Germany. It is a member of the International Lesbian and Gay Association (ILGA) and together with ILGA strives for greater recognition of LGBT rights both within Europe and the wider world.

LSVD has successfully fought for the introduction of a registered partnership law in Germany and works on issues of rainbow families, campaigns for comprehensive antidiscrimination legislation and upholds the memory remembrance of lesbian and gay victims of the Nazis in Germany.

As this books goes into print in march 2005 LSVD and Gatzanis hope that there will be reconciliation within in the international LGBT sports community and that after the competing games in 2006 in Chicago and Montreal the year 2010 will see again unified games.

Philipp Braun, Member of the Board of LSVD

Grußwort

Foreword

Als leidenschaftlicher Sport-Fan liebe ich es, trotz meiner knappen Zeit große Sportereignisse zu verfolgen. Das ist für mich Entspannung vom stressigen Politikalltag. Ich bin beeindruckt davon, was Sportlerinnen und Sportler auf verschiedenen Arenen weltweit leisten und dabei sich und Millionen Menschen Freude bereiten.

Sport ist für mich wie für viele Menschen nicht nur Leistung, Stärke, Tempo und Siegen, sondern vor allem Freude an Aktivitäten, an gemeinsamem Auftreten und die Möglichkeit, Grenzen zu überwinden. Ich habe mich immer wieder gefragt, wie es sein kann, dass man derart selten auf bekennende Homosexuelle und Andersliebende bei offiziellen Profisportveranstaltungen stößt. Eine der großen Lebenslügen des offiziellen Sports ist es immer noch, dass die Existenz der homosexuellen Sportlerinnen und Sportler weiterhin ausgeblendet wird. Erst Jahre später hört man vom Coming Out von Sportlerinnen und Sportlern, die ihre Zeit als aktive Athleten und Athletinnen hinter sich haben.

Gay Games und EuroGames haben sich mittlerweile so etabliert, dass Metropolen regelrecht Kämpfe um die Austragung führen. Diese Entwicklung freut uns alle, die für gleiche Rechte von Schwulen und Lesben eintreten. Die Errungenschaften und die fröhliche Leichtigkeit der Games sollten aber

Being a passionate sports fan myself, I love following grand sports events or being among the spectators whenever I find the time to do so. It is a very pleasurable way of taking a break from the hectic pace of my professional duties as a politician.

I am deeply impressed about the achievements, the energy and the strong will of the athletes all over the globe, who are always giving their best – to the delight of millions of sport fans world-wide.

For me, sport reaches far beyond concepts like achievement, strength, speed and winning - as sport implies many other aspects: the joy of being part of something, the joy that activity brings, the joy of sharing the passion for sport as well as the chance to outgrow prejudice and to surpass oneself.

Many times I have caught myself thinking: why is it that "out" homosexual athletes are that hard to find at the official sporting events for professional sportsmen? The answer is one of the great lies in the professional world of sport: the denial of the existence of homosexual athletes. And it is only many years later, at a time when theses men and women have already ended their athletic career as a pro, that one hears about their coming-out.

Fortunately, events like the Gay Games and the EuroGames have become firmly established in the world of sports – sometimes you even find capi-

Claudia Roth, Bundesvorsitzende der Partei Bündnis 90/Die Grünen
Claudia Roth, Chairwoman of The Party Alliance 90/The Greens

nicht vergessen machen, wie schwer es war, diese Fortschritte zu erreichen, welches Engagement und welche Kreativität sie von Schwulen und Lesben abverlangt haben. Die Games bieten eine einmalige Gelegenheit, Sport und die Lust an sportlichen Aktivitäten, an Grenzüberschreitungen fern vom Diktat des Leistungssports auszuleben.

Die Games haben nicht den Anspruch, eine Alternative zu den Olympischen Spielen zu sein. Sie sind anders, weil sie nicht nur Sieger feiern, sondern weil sie andere Akzente setzen: eine starke Zusammengehörigkeit, keine Ausgrenzung und der hohe Stellenwert von politischen und kulturellen Begleitprogrammen.

Das vorliegende Buch ist der erste Versuch im deutschsprachigen Raum, die facettenreiche Geschichte der Gay Games, EuroGames und OutGames informativ und parteiisch für die Sache zusammenzufassen. Es bietet die Möglichkeit, Interessantes über die Teilnehmenden und die Games zu erfahren. Allen Leserinnen und Lesern wünsche mit diesem Buch viel Vergnügen und uns allen weiterhin rauschende Sportereignisse als Sportler oder Sportlerinnen oder als teilnehmende Zuschauerinnen und Zuschauer.

Ihre Claudia Roth

tals literally fighting for being their hosting city. This is something that we – all the people who advocate for gays and lesbians having the same rights as heterosexuals – are more than pleased about.

However, despite their relaxed atmosphere and "easiness of being", one cannot and must not forget that this type of games has traveled a long, stony road to its existence and acceptance. These events owe it all to the commitment and creativity of those who made them come true: gays and lesbians from all around the world.

The games do not make a claim to represent an alternative to the Olympics. They are different as they do not only celebrate victors and victories but also emphasize a powerful sense of togetherness, equality, non-segregation and the importance of political and cultural supporting programs.

This book represents the first successful attempt at summing up and putting down on paper the many faces of the Gay Games and EuroGames for both German and English speaking countries – and it does so very informatively and for the cause.

I wish you a pleasant read – and I wish for all of us that there will be many more of these grand sporting events.

Yours sincerely,
Claudia Roth

Grußwort

Foreword

Als 1982 in San Francisco die ersten Gay Games über die Bühne gingen, konnte noch niemand ahnen, dass sich daraus ein internationales sportliches Großereignis entwickeln würde. Mit etwa 1300 Teilnehmerinnen und Teilnehmern aus 12 Ländern waren die Gay Games damals noch eine recht überschaubare Veranstaltung. Und manch außenstehender Beobachter mag sich vielleicht sogar gefragt haben, wozu wir überhaupt eine internationale schwul-lesbische Sportveranstaltung brauchen. Schließlich haben wir doch die Olympischen Spiele, bei denen sich Sportlerinnen und Sportler aus aller Welt in zahlreichen Disziplinen messen können.

Die Erfahrungen der vergangenen Jahre haben alle Zweifler eines Besseren belehrt. Aus einem kleinen amerikanischen Wettbewerb ist eine bedeutende Großveranstaltung geworden, zu der regelmäßig etwa 14 000 Sportlerinnen und Sportler aus allen Kontinenten anreisen, um in rund 30 Sportarten um die besten Plätze zu wetteifern. Ich erinnere nur an die großartigen Gay Games von 2002 in Sydney, die allen Teilnehmern und Besuchern wegen ihrer perfekten Organisationen, den vielen sportlichen Höchstleistungen, der grandiosen Stimmung und dem umfangreichen kulturellen Rahmenprogramm als internationales Sport- und Kulturevent der Extraklasse in Erinne-

When the first Gay Games were held in San Francisco in 1982, no one could have guessed that they would very soon become a grand sports event on an international scale. Because with their about 1 300 participants from twelve countries the Gay Games were – at that time – still in their infancy. And one or the other observer might have asked himself: why this special international sports event for lesbians and gays only as we already have the Olympic Games, where female and male athletes from all over the globe meet to compete in a myriad of disciplines?

Yet, with the enormous success of the last couple of Gay Games, the skeptics and critics have been taught otherwise: the relatively small American sporting event has become a major international event, attracting about 14 000 athletes from all continents to challenge themselves in over 30 disciplines.

Let me remind you of those fantastic Sydney Gay Games in 2002, which were highly praised by both athletes and spectators for their perfectly flawless organization, their athletic highlights, their great atmosphere and their multi-faceted cultural supporting program. All of which made the Sydney Gay Games an unparalleled highlight – athletically and culturally speaking.

Today, the Gay Games range among the world's greatest sports events featuring countless disciplines. But there is

Klaus Wowereit,
Regierender Bürgermeister von Berlin
Klaus Wowereit,
Governing Mayor of Berlin

rung geblieben sind. Längst zählen die Gay Games zu den weltweit größten sportlichen Anlässen, bei denen Wettkämpfe in diversen Disziplinen auf dem Programm stehen.

Und auch der Olympische Geist weht stets über den internationalen sportlichen Wettbewerben der Gay Community. Mehr noch: Das olympische Motto: „Dabei sein ist alles" gilt hier stärker noch als bei Olympia. Denn unabhängig von Alter, sportlichem Leistungsniveau und sexueller Orientierung kann hier jeder teilnehmen, der sich gerne im sportlichen Wettkampf messen möchte. Was zählt, ist vor allem die persönliche Bestleistung.

Natürlich geht es bei internationalen schwul-lesbischen Sportveranstaltungen neben dem Sport auch noch um etwas anderes: Um Respekt und Akzeptanz, um ein Ende von Diskriminierungen aller Art und um die Gleichstellung von Lesben und Schwulen im Sport wie auch in allen anderen Bereichen. Kurz: Schwul-lesbische Sportveranstaltungen mahnen stets auch zur Toleranz und werben für ein gleichberechtigtes und freundschaftliches Miteinander in jeglicher Hinsicht.

In diesem Sinne waren die Gay Games und die EuroGames der vergangenen Jahre stets auch Ausdruck eines gewachsenen schwul-lesbischen Selbstbewusstseins. Lesben und Schwule aus aller Welt verwehren sich offen gegen

even more to theses games: it is the Olympic spirit lingering in the air. One could even venture to say that the Olympic motto – "being part of it is all that matters" – is even more true for the Gay Games than for the Olympics themselves. The Gay Games are unique in many respects: regardless of age, personal fitness, athletic level and sexual orientation anybody is invited to participate. The only criterion that applies, is: personal best.

Naturally, the sports events for gays and lesbians reach far beyond mere sport: they are about respect, acceptance, about putting an end to discrimination and segregation. And they are about equal rights for lesbians and gays in sports as well as in all other aspects of life. In short: all sports venues for homosexuals promote tolerance, equality and a very positive, inspiring sense of togetherness. Viewed from this angle, the Gay Games and the EuroGames are – and have always been – a social and political statement: the manifestation of lesbian and gay identity. These games provide a wonderful opportunity for homosexuals from all around the world to unite to stand up against segregation by demonstrating unity – thus creating a platform for sports that attracts a broad audience in Germany. That is why these sport gatherings are that important. They help outgrow prejudice and promote tolerance and mutual under-

Ausgrenzung, sie demonstrieren Zusammenhalt und veranstalten einen sportlichen Wettbewerb, der zumindest hierzulande längst auch das Interesse einer breiten Öffentlichkeit findet.

Deshalb halte ich weltweite schwul-lesbische Sportveranstaltungen für so wichtig. Sie tragen zum Abbau von Vorurteilen bei und sorgen für mehr Toleranz und gegenseitiges Verständnis. Das haben gerade erst wieder die EuroGames im vergangenen Jahr in München gezeigt. Ein begeistertes Publikum und mehr als 5000 Sportlerinnen und Sportler aus ganz Europa machten die EuroGames 2004 zu einem unvergesslichen Ereignis. Veranstaltungen wie diese sind daher das beste Mittel, um den Kampf gegen Ressentiments und Ablehnung erfolgreich zu führen.

Besonders stolz war ich dabei übrigens auf unser Berliner Team – es stellte in München mit seinen 469 Teilnehmerinnen und Teilnehmern nicht nur das größte Städteteam, es gehörte auch noch zu den Erfolgreichsten. Mit insgesamt mehr als 150 Medaillen in Gold, Silber oder Bronze lagen die Berliner im abschließenden Medaillenspiegel ganz weit vorn.

Ich erinnere mich auch noch gut an die wunderbaren EuroGames von 1996, als Berlin Gastgeber der Spiele sein durfte. Eine große schwul-lesbische Sportveranstaltung - die von einer breiten

standing, as the recent EuroGames in Munich 2004 have proven. It was an enormously enthusiastic audience and more than 8 000 sportswomen and sportsmen coming from all over Europe that made the 2004 EuroGames such an unforgettable experience. It is celebrations like these that help eliminate resentment and discrimination.

Speaking of the 2004 EuroGames in Munich: I was particularly proud of the Berlin contingent of 469 athletes being not only the biggest of all city teams, but also the most successful – the team Berlin brought home more than 150 medals.

I also still clearly remember those wonderful GayGames in 1996 with Berlin being the hosting city. And as Berlin is a very cosmopolitan, tolerant city, I can very easily picture my city again hosting such a grand lesbian and gay sports event in the near future – supported by a broad international gay community.

To all of you who are now having this book in your hands: have fun reading the following pages. As for me, I am very happy to hold this book in my hands, as it is special and the very first book recollecting and treating the past Gay Games and EuroGames for German speaking countries.

Naturally, I am looking forward to seeing and experiencing many more of these fascinating international gay and

internationalen schwul-lesbischen Bewegung getragen wird – könnte ich mir auch in Zukunft wieder sehr gut in Berlin vorstellen. Eine weltoffene und tolerante Stadt wie Berlin wäre dafür gewiss ein perfekter Austragungsort.

Allen Leserinnen und Lesern wünsche ich bei der Lektüre der folgenden Seiten sehr viel Spaß. Ich freue mich, dass nun auf dem deutschen Markt zum ersten Mal ein Buch vorliegt, in dem wir mehr über Geschichte und Geschichten von vergangenen Gay Games und EuroGames erfahren können. Und natürlich wünsche ich uns allen noch sehr viele internationale schwul-lesbische Sportereignisse, die Teilnehmer und Zuschauer gleichermaßen faszinieren.

Klaus Wowereit

lesbian sports events – because they have something to tell and teach us.

Klaus Wowereit

Sydney – ein Volltreffer!
Strike, Sydney!

a

Name/first and last name
Alan J. Anderson
Geburtsjahr/year of birth
1955
Stadt/city
New York
Land/country
USA
Disziplin(en)/discipline(s)
Bowling (Einzel und Doppel)
bowling (singles and doubles)
Medaille(n)/Medal(s)
Gold (Vierer-Team)
gold (four-man team)

Bevor ich über meine Sydney-Erlebnisse zu erzählen beginne, zunächst etwas über mich, diesen Kerl namens Alan: Ich bin wohl das, was man einen sehr kontaktfreudigen Schwulen nennt – ein Schwuler, der sein Outing längst hinter sich hat. Man könnte mich aber auch so etwas wie einen unverbesserlichen Optimisten nennen. Jemand, der das Fotografieren und das Reisen liebt und andere gerne zum Lachen bringt. Ich glaube, am meisten Spaß macht mir meine Arbeit in der LGBT-Community (Lesbians, Gay Men, Bisexuals and Transgendered People), wo ich nun schon seit 15 Jahren bei einigen der größten Organisationen in New York anpacke und helfe, wo es nötig ist. Unsere Community hat in den vergangenen Jahrzehnten ganz schöne Fortschritte gemacht, wie ich finde. Dennoch gibt es noch unglaublich viel zu tun, und es warten noch große Herausforderungen auf uns. Als ich noch ein

Before I take you back to my personal 2002 Sydney Gay Games, I want to tell you something about me, the guy called Alan. I think I am what you could call an outgoing, "out" gay man – a kind of eternal optimist who loves photography, travel, and making people laugh. Perhaps what I enjoy most is my involvement in the LGBT community and I have been an active volunteer with some of the major LGBT organizations in my hometown New York City for the past fifteen years. It seems to me our community has made a lot of progress during that time, but there is still much more to be done and many challenges still lie ahead. When I was very young,

kleiner Junge war, sagte meine Großmutter einmal zu mir: „Du solltest niemals Hass für jemanden empfinden". Damals war mir natürlich noch nicht bewusst, welch starke und weise Worte meine Großmutter da ausgesprochen hatte. Aber im Laufe der Jahre wurde mir recht bald bewusst, dass dies in der Tat ein guter Leitsatz für mein Leben ist.

Nach Sydney zu den Gay Games zog es mich aus vielerlei Gründen – und jeder dieser Gründe war gleich wichtig für mich. Erstens: Ich wollte in diese fantastische Stadt reisen, die für ihre Sehenswürdigkeiten und ihre schwulenfreundliche Atmosphäre berühmt ist. Und das in einem Land und einer Hemisphäre, in denen ich mich noch nie zuvor bewegt hatte. Zweitens: Ich wollte die Früchte meiner jahrelangen Arbeit und meines Engagements als Vize-Präsident des Teams NY sehen und ernten. Schließlich hatten wir lange um Aufmerksamkeit und Interesse für die Gay Games VI geworben und Gelder gesammelt. Dieses Bemühen erreichte für mich in Sydney seinen Höhepunkt – als ich als einer der Vorstände des Teams voller Stolz unsere Team-Flagge tragen und so über 500 Sportler und Künstler zur Eröffnungszeremonie geleiten durfte. Dabei liefen wir alle hinter einer

my grandmother told me: "You should never hate anyone." I do not suppose I really understood just how powerful that statement was at the time, but as I grew up, I soon came to realize that those indeed were very good words to live by.

I went to the Sydney Gay Games for several reasons – and all were equally important. First, to travel to a fabulous city, known for its beautiful sights and gay-friendly environment, in a country and a hemisphere that I had never visited before. Second, to see the results of several years of dedication and hard work as co-president of Team NY in helping to raise awareness, funds, and interest in attending Gay Games VI. For me, it all culminated in being one of the board members who proudly carried the Team NY banner, leading a contingent of more than 500 athletes and artists into the Opening Ceremony – behind an American flag that had previously flown on a fire truck that survived the 9/11 disaster.

Third, I went there to be a part of the totally unique experience that is the Gay Games: enjoying a truly amazing week of competition and celebration, where far more than 10 000 athletes and artists from all over the world come

amerikanischen Flagge. Einer Flagge, die zuvor auf einem Feuerwehr-Einsatzwagen geweht hatte, der die Tragödie des 11. September überstanden hat.

Drittens: Ich flog nach Sydney, um den einzigartigen Geist der Gay Games erneut zu spüren, und die Zeit während dieser wirklich tollen Woche – in der mehr als 10 000 Sportler und Künstler aus aller Welt zusammenkommen – mit all ihren sportlichen Wettkämpfen und Feiern in vollen Zügen zu genießen. Wann sonst bietet sich uns eine derart geniale Gelegenheit, einfach wir selbst sein zu können, getragen vom Geist des Dazugehörens und der persönlichen Bestleistung im Sport? In Sydney konnten wir auf einzigartige Weise Freundschaft und Kameradschaft leben und erleben – und in sportlichen wie kulturellen Veranstaltungen andere sowie uns selbst anerkennen. Und natürlich gab es da auch diese wirklich außergewöhnlichen Partys, bei denen man schon dabei sein musste.

Und viertens: Mich zog es nach Sydney, weil ich einen ganz bestimmten Moment wieder erleben oder gar überbieten wollte: nämlich dieses unbeschreibliche Gefühl, das mich übermannte, als ich die Bronze-Medaille bei den Gay Games V in Amsterdam umgehängt bekam.

together. A unique and unparalleled occasion for us to express ourselves openly, in the spirit of inclusiveness and personal best, expressing our friendship and sharing camaraderie and validation through sports and culture – and to attend a few really outrageous parties. Fourth, I went to Sydney to attempt to duplicate, or perhaps even surpass, the unbelievable thrill I experienced in winning a bronze medal at Gay Games V in Amsterdam.

After attending the Gay Games in '94 and 1998, at the Sydney games I expected to once again be inspired by the sense of community and to be motivated to do my personal best, and possibly bring home a medal. I was also looking forward to cheering for fellow Team NYers at their events, to applauding the performances of other athletes and artists – reunited with friends from prior Gay Games. I was thrilled to make new friends and to enjoy the pleasures of exploring a new and exciting city – anticipating both, sadness and joy when the games would finally come to an end.

My strongest impressions of Sydney were the people of Sydney themselves. Whether it was the shopkeeper who told me the best place to get a wonderful but inexpensive meal, or the bouncers I

Nachdem ich ja bereits bei den Gay Games ’94 und 1998 dabei gewesen war, war ich gespannt darauf, in Sydney wieder von diesem Gefühl der Zusammengehörigkeit beflügelt zu werden. Ich wollte so mein Bestmögliches geben, um vielleicht wieder eine Medaille nach Hause zu bringen. Auch konnte ich es kaum erwarten, meine Sport-Kameraden aus dem Team NY anzufeuern, anderen Athleten und Künstlern zu applaudieren – am besten mit meinen Freunden, die ich bei den früheren Gay Games kennen gelernt hatte. Ich freue mich riesig darauf neue Menschen kennen zu lernen, neue Freundschaften zu schließen und Spaß beim Erkunden einer neuen, spannenden Stadt zu haben. Und das alles unter dem Vorzeichen einer bittersüßen Vorahnung: dem Gefühl von Traurigkeit, gepaart mit Freude, wenn die Spiele sich dann schließlich zu Ende neigen würden.

Am meisten beeindruckt war ich in Sydney von seinen Bewohnern selbst. Ob es nun der Ladenbesitzer war, der mir sagte, wo ich fantastisch, aber dennoch günstig Essen gehen könnte. Oder die Rausschmeißer vor dem Hetero-Nachtclub, die mich fragten, in welcher Disziplin ich meine Medaille gewonnen

walked past in front a straight nightclub who asked what sport I won my medal in, and gushed with admiration and sincere compliments. Or take the little old lady I talked to in the park about the changes she has seen in her city over the years – the people of Sydney seemed to go out of their way to be friendly, helpful, and completely charming. It truly was a city of “No Worries!”.

My most moving moment was when my team won the gold medal in bowling – especially since it was a brand new team. Unfortunately, my doubles’ partner, with whom I had won bronze in Amsterdam before, was not able to attend the Sydney games. But fortunately, three other bowlers that I knew wanted to put a team together: Michael Banus, Dylan Ftera and Dan Lanning. We did not have many opportunities to bowl together before the actual games began. So it was even more rewarding that we were able to become “a team” so quickly in Sydney. The competition was very close, right up to the last game, so we did not know where we would finish until the medal ceremony. When our team The Easy Pick-ups was announced as winning gold, it was like a dream come true!

hatte, und die mich dann mit ehrlicher Bewunderung herzlich beglückwünschten. Oder etwa die kleine alte Dame, mit der ich im Park in ein Gespräch über die Veränderungen in ihrer Stadt über die Jahre hinweg vertieft war. Die Menschen in Sydney legten sich wirklich mächtig ins Zeug und waren unglaublich freundlich, hilfsbereit und schlichtweg bezaubernd. Irgendwie schien über der Stadt geschrieben zu stehen: „Alles easy!".

Der Moment, der mich am meisten berührte: als mein Team und ich Gold im Bowling gewannen. Insbesondere deswegen, weil wir uns erst kurz vor Sydney zusammengeschlossen hatten. Leider konnte mein Doppel-Partner, mit dem ich in Amsterdam Bronze geholt hatte, nicht in Sydney dabei sein. Aber glücklicherweise konnte ich mich mit drei anderen Bowlern, die ich bereits kannte, zu einem Team zusammenwürfeln. Also: Michael Banus, Dylan Ftera, Dan Lanning und ich. Vor dem Beginn der Spiele hatten wir allerdings nur wenig Gelegenheit gehabt, miteinander zu bowlen. Umso schöner war es dann zu erleben, wie schnell wir in Sydney tatsächlich ein „echtes", richtig gutes Team wurden. Bei den Wettkämpfen lagen alle dicht beieinander.

I very much look forward to attending Gay Games VII in Chicago, Illinois in 2006. My brother and his family live in that area. Hence, it would be a special joy for me if they were able to come to the opening ceremony, or cheer me on at the bowling alley. I am sure I will need all the support I can get, since Chicago has always had a strong presence in the bowling events at past games – and now they will have the advantage of playing on their "home field."

But whether they are from Chicago, Frankfurt, Stockholm or Sydney, I am looking forward to seeing participants from as many cities and countries as possible at the Gay Games in 2006. As alternative LGBT sporting events have begun to evolve around the globe in recent years, I can only hope that attendance at the Chicago games will truly be reflective of its theme: "Where the World Meets." I can't wait to be a part of it!

So konnten wir bis zur Siegerehrung überhaupt nicht einschätzen, wo wir mit unserem Team standen. Als dann die The Easy Pick-ups – unser Team – als Sieger ausgerufen wurden, wurde für mich ein Traum wahr!

Ich freue mich schon sehr darauf, bei den Gay Games VII in Chicago 2006 dabei zu sein. Da dort mein Bruder mit seiner Familie lebt, wäre es für mich eine umso größere Freude, wenn sie alle zur Eröffnungszeremonie kommen könnten oder mich an der Bowling-Bahn anfeuern würden. Denn ich weiß, dass ich dort allen Beistand der Welt brauchen werde: Chicago war bei allen Bowling-Events in der Vergangenheit gut und stark vertreten – und jetzt kommt bei den Spielen 2006 noch der Heimvorteil hinzu.

Ob aus Chicago, Frankfurt, Stockholm oder Sydney – ich freue mich auf alle Teilnehmer bei den Gay Games 2006. Und je mehr Städte und Länder vertreten sind, umso besser! Da es seit einigen Jahren weltweit mehr und mehr LGBT-Sportveranstaltungen gibt, bleibt nun zu hoffen, dass die Spiele in Chicago auch wirklich ihrem Motto gerecht werden können: „Where the World Meets“. Ich kann es jedenfalls kaum erwarten ein Teil dieser Welt zu sein!

(40 x Einzelkämpfer) + (1 x EuroGames) = Team2

(40 x individual Athlete) + (1 x EuroGames) = Team2

b

Name/first and last name

Rita Béres-Déak

Geburtsjahr/year of birth

1971

Stadt/city

Budapest

Land/country

Ungarn/Hungary

Team/team

Atlasz SC. Budapest

Disziplin(en)/discipline(s)

Leichtathletik, 5000 m/Track and Field, 5000 m

Medaille(n)/Medal(s)

Bronze

Obwohl ich nun schon seit 1995 in der Schwulen- und Lesbenbewegung aktiv bin, ein HIV/AIDS Präventions-Projekt begleite und für die Labrisz Lesbian Association arbeite, die spezielle Programme für Frauen anbietet, Bücher herausbringt und ein Schulprogramm ins Leben gerufen hat, habe ich erst von den EuroGames gehört, als meine Freunde selbst an den Spielen in Zürich teilnahmen. Nach ihrer Rückkehr aus der Schweiz waren sie alle total begeistert und schwärmten, was das doch für eine tolle Veranstaltung für die Community gewesen sei. Von da an wollte ich selbst unbedingt auch einmal live dabei sein. So kam es, dass für dieses Jahr meine Teilnahme an den EuroGames 2004 in München dick und rot in meinem Terminkalender eingetragen war, denn ich wollte dieses Mal um alles in der Welt mit von der Partie sein. Dabei stand für mich nicht das Sportliche im Vordergrund. Auch waren meine Er-

Although I have been active in the LGBT movement since 1995 and also working for an HIV/AIDS prevention project and Labrisz Lesbian Association, which organizes women's programs, publishes books and runs a school program, I first heard about the EuroGames when my friends went to the games in Zurich. Coming back, they told me what a fantastic community event it had been – and ever since I have wished to participate in such a competition. So, for this year the 2004 EuroGames were on my personal agenda, an opportunity I simply did not want to miss. Yet, I was not solely driven by my athletic ambition and I definitely did

wartungen definitiv nicht an einen Medaillengewinn geknüpft. Vielmehr wollte ich in die internationale, bunt gemischte Community eintauchen, in die Gemeinschaft aus Menschen, die nicht nur schwul-lesbisch, sondern zudem noch sportbegeistert sind – was die Menschen in meinen Augen noch stärker zusammenschweißt als der eine große gemeinsame Nenner, die sexuelle Orientierung. Auch wollte ich mit dabei sein, um meine Freunde bei ihren Wettkämpfen im Tanzen lautstark zu unterstützen. Jedoch wurde diese Freude dadurch getrübt, dass sich eine meiner Freundinnen am Tag vor den Wettkämpfen den Fuß verstaucht hat und wir daher einfach nur zusammen im Publikum saßen, um unsere Landsleute beim Tanzen anzufeuern. Aber auch das war ein Riesenspaß.

In München angekommen, war ich von Anfang an ziemlich beeindruckt wie extrem gut alles organisiert war. Überall waren unglaublich viele freiwillige Helfer unterwegs – und jeder schien genau zu wissen, was zu tun war. Auch habe ich es als sehr angenehm empfunden, dass die meisten Veranstaltungsorte relativ nahe beieinander lagen. So konnte man zwischen den eigenen Wettkämpfen auch anderen

not expect to win a medal. I hoped to be in an international community of people who are both LGBT people and athletes, which creates a much stronger bond than mere sexual orientation. Also, I wanted to be there and see my friends compete in ballroom dancing. However, this latter did not come true as one of my friends sprained her ankle on the day before the competition, so we could only sit backstage and cheer for the other Hungarians – which was great fun, too.

Something that really impressed me about Munich the very moment I set foot on the Olympic sporting site was that the whole event was extremely well organized! There were so many volunteers, and everyone seemed to know what to do. Also, it was nice that most events took place in a relatively small area, so when you were not competing yourself, you could watch the others do it. This was especially nice, as surprisingly few other spectators turned up, but athletes were there to cheer for each other – and not only for their own nationals. Unfortunately, none of the other athletes of our team of more than 40 Hungarians came to my competition: I guess most of them probably did not even know the exact time.

Sportlern zuschauen. Und das war besonders schön, aber auch wichtig, da insgesamt erstaunlich wenig Zuschauer von außerhalb bei den Wettbewerben anzutreffen waren. Dafür haben wir Sportler uns untereinander kräftig angefeuert – und dabei nicht nur die eigenen Landsleute. Irgendwie schade fand ich jedoch, dass es niemand aus dem Team Ungarn, das immerhin aus über 40 Sportlern bestand, zu meinen Wettkämpfen geschafft hat. Wahrscheinlich wussten die meisten nicht einmal, wann ich genau antrat. Aber dafür haben mich – und das hat mich wirklich fast umgehauen – wildfremde Menschen beim Wettkampf entlang der Laufbahn angefeuert. Einige aus dieser „Cheerleading-Truppe" entpuppten sich als Dänen aus dem Team der Goldmedaillen-Gewinnerin, mit denen ich mich auf dem Weg zur U-Bahn dann auch gleich anfreundete.

Ein weiteres interessantes Phänomen waren die orangefarbenen Rucksäcke, die uns auch nach außen zusammengeschweißt haben – eine wirklich clevere Idee der Sponsoren. Überall in den S- und U-Bahnen und in den Bussen waren diese orangefarbenen Punkte zu sehen, und man wusste sofort, dass der stolze Rucksackträger das

But to my great surprise there was a group of complete strangers cheering for me by the track. Some of them turned out to be Danish, from the team of the girl who won the gold medal – and we made friends on the way to the metro.

Interestingly, the orange backpacks – what a clever idea – also created a bond.You could see them on the metro and the buses, and you instantly knew that there was someone going to the same place. And if you were lucky to have a medal around your neck, they had a good excuse to start a conversation with you.

But also on a very personal level, the 2004 Munich EuroGames did a lot for me as there were many moments and episodes that really touched me. I was surprised how this event got together the Hungarian team. There were over 40 athletes from Hungary, competing in different sports, and hardly knowing one another before the event. However, now we went to see each other's competitions and really became one team. Curiously, on that Friday morning during the games, I was the only spectator in the badminton hall watching the Hungarians play. And I hardly knew them, except for one guy, who is a good friend

gleiche Ziel hatte wie man selbst. Und wenn man zu den Glücklichen gehörte, die eine Medaille ihr eigen nennen durften, so war das oftmals ein dankbarer Einstieg für sehr nette Gespräche.

Aber auch auf einer viel persönlicheren Ebene haben mir die EuroGames 2004 in München viele bewegende, mich zutiefst berührende Momente beschert. So war ich zum Beispiel sehr überrascht, wie sehr diese Veranstaltung unser Team Ungarn zusammenschweißte und uns einander näher brachte. Vor den Spielen waren wir einfach 40 Sportler aus demselben Land, die in verschiedenen Sportarten antraten, aber eigentlich herzlich wenig voneinander wussten. Während der Spiele jedoch wurden wir zu einem richtigen Team und schauten uns gegenseitig bei den Wettbewerben zu. Einmal war ich beim Badminton kurioserweise der einzige Zuschauer, der den Spielern aus Ungarn zuschaute. Und dabei kannte ich die meisten, bis auf einen guten Freund von mir, nicht einmal. Und genau dieser war unglaublich gestresst, als er in der zweiten Runde des Wettkampfs auf den Besten der ersten Runde traf. Er kämpfte in jenem Moment genau mit dieser Art von Stress, die einen heimsucht, wenn ein nicht allzu ausge-

of mine. In the second round he got paired up with the guy who had done best in the first round – and my friend was all in a stress: that kind of stress you feel when not too much self-esteem mixes with athletic ambition and pressure. And I was wondering whether to stay or to leave since he might not want me to watch him. I decided to stay, however. He won the match.

Another feel-good location was the Hungarian table at the ballroom dancing competition that had turned into a kind of community center. Some people just spent all of their time there, others popped in between competitions and told the latest news. Our team mate Judit relaxed by putting her plastered foot on the table, the guys were all busy with their feathers and make-up, Gotti (the owner of the bar supporting the Hungarian dance team) brought small bottles of champagne, and we were all cheering loudly for the Hungarian couples on the dance floor. We decided to buy pompoms next year, for more effect. I am already looking forward to being part of the 2006 OutGames in Montréal – a wonderful occasion for us gay and lesbian people to celebrate our diversity and our pride in being 'different'.

prägtes Selbstbewusstsein auf sportlichen Ehrgeiz und enormen Druck trifft. In dieser Situation fragte ich mich, was hier nun wohl angebracht war: Sollte ich bleiben, oder doch besser gehen? Vielleicht war es ihm ja unangenehm, dass ich zuschaute. Ich entschied mich fürs Bleiben. Und mein Freund ging aus dieser Partie als Sieger hervor.

Ein weiterer Ort, an dem man sich einfach nur wohlfühlte, war der Tisch der Ungarn bei den Tanzwettbewerben, der über die Tage hinweg zu einer regelrechten „Begegnungsstätte" wurde. Einige blieben einfach die ganze Zeit dort und andere schauten stets zwischen ihren eigenen Wettkämpfen vorbei, um die neuesten Neuigkeiten auszutauschen. Unsere etwas lädierte Teamkollegin Judit hatte es sich dort ganz bequem gemacht, indem sie ihr Gipsbein, auf den Tisch gelegt, ausruhte. Die Tanz-Jungs waren voll und ganz mit ihrem Federschmuck und ihrem Make-up beschäftigt. Und Gotti – seines Zeichens Barbesitzer und Sponsor des ungarischen Tanz-Teams – versorgte uns mit Sekt-Piccolos. So feuerten wir aus Leibeskräften unsere ungarischen Paare während des Turniers an. Und um das in Zukunft noch effektvoller tun zu können, beschlossen wir, uns nächstes Jahr mit Pompoms auszurüsten.

Moreover, in my eyes, people who do belong to minority groups are, in a certain way, privileged: it is much easier for them to see the ills of society and break down artificial boundaries of class, status, nation etc. that divide people. Yet, I do not think a perfect society of universal brother- and sisterhood can be achieved, but belonging to minority subcultures is about as close as you can get to it. And minorities working together can do a lot to make broader society better.

Ich freue mich jetzt schon darauf, 2006 bei den OutGames in Montréal, Kanada, dabei zu sein – wieder einmal eine wunderbare Gelegenheit für uns Schwule und Lesben, die Community in all ihren Farben und unser „Anderssein" erhobenen Hauptes zu feiern.

Denn ich bin sogar der Meinung, dass alle Menschen, die einer bestimmten Minderheit angehören, in gewisser Weise sogar zu den Privilegierten zählen. Denn für sie ist es viel einfacher, auf die Missstände innerhalb der Gesellschaft hinzuweisen und sich über die künstlich aufrecht erhaltenen Grenzen wie Klasse, Status, Herkunft etc. hinwegzusetzen.

Dennoch glaube ich nicht an die sogenannte „perfekte Gesellschaft", in der alle einander gewissermaßen wie Brüder und Schwestern sind. Aber einer minderheitlichen Subkultur anzugehören kommt dieser Vision wohl am nächsten. Und wenn sich die sogenannten Minderheiten zusammentun und zusammenarbeiten, so kann dies unsere gesamte Gesellschaft weiterbringen.

Streithühner in Turnschuhen: Frau Eitel & Frau Bequem
Trouble on the run featuring Miss Vanity and Miss Lazybones

b

Name/first and last name
Andrea Bräuning
Geburtsjahr/year of birth
1967
Stadt/city
Stuttgart
Land/country
Deutschland/Germany
Disziplin(en)/discipline(s)
Halbmarathon/half marathon

Am Chiemsee, zu Hause, Samstag, 5:30 Uhr morgens
Frau Eitel: Los raus, auf-ste-hen!
Frau Bequem: Hhhmm...
Frau Eitel: Heute ist ein schöner Tag!! Mir geht's brillant. Ich bin fit. Ich bin gut. Ich schlag sie ALLE!! Los jetzt, raus – wir müssen!
Frau Bequem: Hey, halt bloß die Klappe. Wir gehen heute gar nirgends hin. War einfach zu spät gestern.
Frau Eitel: Pah, vergiss es: Wer feiert kann auch laufen!
Frau Bequem: Hey, du nervst. Außerdem haben wir Tante Rosa zu Besuch.
Frau Eitel: Na und? Mir doch ganz egal! Dann geht die eben mit! Ich bin fit. Ich bin gut. Ich schlag sie alle!
Frau Bequem: Sorry – no way. Tante Rosa braucht Ruhe. Sie kam eine Woche früher als ausgemacht und will jetzt einfach nur Entspannung!
Frau Eitel: Oh-Mann-ey! Glaub ich's?

Chiemsee, at home, Saturday, 5:30 a.m.
Miss Vanity: Wake up! C'mon, let's get going!
Miss Lazybones: Hhhmm...
Miss Vanity: It's a beautiful day! Such a beautiful day! I feel great. I'm in great shape. I'm really good. And I'll beat them all! C'mon now, rise and shine! We better get going soon.
Miss Lazybones: Hey, will you just shut up! We're not going anywhere today. I was having a wild time last night, maybe a little too wild. Haven't had enough time for a good night's sleep.
Miss Vanity: Listen, I couldn't care less – you've been partying? Fine, then you'll also be running today! No arguments!
Miss Lazybones: Man, you're really bugging me! And, besides, today's that time of the month for me! Time to hoist the little red flag!

Jetzt rackern wir uns wochenlang, monatelang die Hügel rauf und runter – schneller Tempolauf, anaerober Ausdauerbereich. Keine Schokolade, weil: macht Pickel und fett. Salat, Kohlenhydrate, Pulsmesser. Morgens um sechs genauso wie abends um neun. Und dann bekommst du elendes Weichei den Arsch nicht hoch, nur weil du gestern die Augen nicht von den Mädels lassen konntest! Tante Rosa – pöh, was juckt uns Tante Rosa? Gibt's vielleicht noch ne bessere Ausrede, hm?

Frau Bequem: Meine Güte, jetzt reg dich bloß wieder ab. Wir kommen ja schon... Kommando: Augen auf! Gute Güte, ist das aber hell heute! Kommando: Arsch hoch. Hm, oder vielleicht doch erst noch mal umdrehen...?

Frau Eitel: O.k. Jetzt aber: Eins-zwei-drei, alles wach! Ich sage dir: Heute ist ein schöner Tag! Heute ist mein Tag! Mein Triumph! Ich bin so was von fit. Ich bin gut. Ich schlag sie alle!

Autobahn A8 aus Richtung Salzburg, kurz vor München, 6:30 Uhr

Frau Bequem: Hey, freie Bahn. Bravo! Wir sind mal wieder viiiel zu früh dran. Hätten locker noch ne Stunde länger schlafen können.

Miss Vanity: So what? What's the big deal? Then take it like a woman, period! I feel great. I'm in great shape. I'm really good. And I'll beat them all!

Miss Lazybones: Sorry – no way. My unwanted visitor and I need to have a rest – a time out. My bloody visitor arrived a week earlier than expected and wants nothing but to rest and to slow down a little.

Miss Vanity: Heavens above, you're really unbelievable! We've been practicing for weeks and months, running up and down the hills, doing fast runs, doing sprints, switching the training to the anaerobic level, trying and doing everything to give you more stamina. No chocolate – because it makes you fat and your skin break out – but salads and carbohydrates. Always keeping an eye on your pulsimeter: be it a six in the morning or at nine in the evening. And, now, you lousy, lazy old fart are telling me you won't be able to make it because you simply couldn't keep your eyes off the chicks last night, huh?

No way, sorry, I won't buy into that. I don't give a shit about your visitor – you're having your period? Fine! But you still got your legs for running, am I right? So get your act together and let's get going!

Frau Eitel: Nöl nicht rum – noch sind wir nicht da!

Frau Bequem: Außerdem könntest du dich ruhig mehr um unser Wohlergehen kümmern - so ein bisschen Sitzheizung wäre nicht schlecht. Und weißte was? Bequemlichkeit möchte sich vor dem Lauf noch etwas sammeln: Daher liegen Augen, Arsch und ich einfach noch mal ne Runde ab. Kommando: Rückenlehne flachlegen!

Vor dem Olympiastadion, im Auto, 7:00 Uhr

Frau Eitel: Und, wie seh ich aus? Ganz schick, oder? Ich glaube wir sind die ersten. Hm, soll ich jetzt das gelbe oder das blaue Stirnband nehmen? Oder vielleicht doch besser das Baseball-Cap? Oh, da sind ja doch schon welche. Baumwollshirt! Nein, wie out! Hah, aber da drüben – ist das nicht....? Ach nein, viel zu dick. Lass uns aussteigen, ich muss mich noch umziehen, aufs Klo gehen, die Startnummer muss noch ran, dann sollte ich unbedingt noch was trinken – dann muss ich bestimmt gleich noch mal – und dann warmlaufen. Warmlaufen ist ja so wichtig. Das stand in dem Buch über die richtige Vorbereitung auf den Marathon. Außerdem...

Miss Lazybones: Oh my goodness, chill out! O.k., we're coming... Eyes: open up! Wow, what a glaring light today! Body: stand up and move! Hm, or maybe we just turn over again...?

Miss Vanity: O.k., wait! There we go: one-two-three, all rise and shine! Man, I'm telling you: it's a beautiful day! Such a beautiful day! My day, my triumph! I feel great. I'm in great shape. I'm really good. And I'll beat them all!

On the autobahn A8 coming from Salzburg, about to reach Munich's city limits, 6:30 a.m.

Miss Lazybones: Hey, nothing can stop us now! No other cars in sight! And – again – we'll be arriving way to early. See, we really could have slept longer!

Miss Vanity: Will you please stop grumbling? We've not arrived yet!

Miss Lazybones: Besides, you could be a little more caring about the well-being of your soon-to-be-marathon superstar: what about making use of the heated seats in here? Also, I'd like to collect my thoughts and myself. Therefore, me and my body will take a nap. Let's fold down the seat back and lie down!

Right in front of the Olympic stadium, inside the car, 7:00 a.m.

Miss Vanity: And, tell me: Do I look all

Frau Bequem: Jetzt halt mal die Luft an und entspann dich! Wir laufen heute keinen Marathon, sondern die pupsige Hälfte! Und außerdem sind wir geschlagene zwei Stunden zu früh dran!

Im Stadion, 8:55 Uhr

Frau Bequem: Boah, ist das eine Stimmung! 300 Mädels am Start. Schade, dass wir nicht alle mal zusammen ein Bierchen trinken können...

Frau Eitel: Wenn schon, dann bitte ein Mineralaufbau-Getränk! Konzentrier dich endlich. Und lass dich von der Klatscherei und dem Tamtam am Start nicht mitreißen. Wir gehen es gaaanz langsam an. Die Raser holen wir nach der Hälfte alle wieder ein. In den Bauch atmen. Alles lockern. Und in den Bauch...

Frau Bequem: Hast du gesehen? Die hat mir zugezwinkert! Lass uns doch mal ein bisschen weiter nach da drüben gehen.

Frau Eitel: Halt, stopp, du rührst dich nicht vom Fleck, verstanden! Der Startplatz hier ist optimal. Wir bleiben. Außerdem, meine Liebe, ist Flirten MEIN Part und kommt erst nach dem Lauf wieder dran, damit das klar ist!

Kilometer 5, 9:20 Uhr

Frau Bequem: Mensch, wir sind zu schnell!

right? Pretty smart, hm? I guess we're the first ones here. What do you think: shall I wear the yellow or the blue headband? Or the baseball cap? Oh, look, some other people have just appeared over there. Look at that: a running cotton shirt, wow! Yuck, that's soo out! Aah, over there – looks like...! No, can't be: too overweight! O.k., let's get out of the car because I need to get changed, then I need to pee and then I need to pin on my starting number, and then I better get something to drink, then I surely need to pee again, and then it'll be time to warm myself up. It's extremely important to warm up before running – that's what the book "How to Prepare for a Marathon" says. Besides...

Miss Lazybones: Stop! Put a sock in it and relax, for Christ's sake! We're not running the marathon today but just the bloody half of it! And, besides – may I remind you that we're two hours early!

Im Stadion, 8:55 Uhr

Miss Lazybones: Wow, can you feel the vibes? Such a fantastic atmosphere in here! And there'll be 300 great girls at the starting line – such a shame we probably won't be able to go for a drink together...

Miss Vanity: And speaking of drinks: no beer please! Will you please pull yourself together now and focus on the

Frau Eitel: Meine Güte, halt die Klappe und lauf weiter! Da vorne stehen zehn Leute, die schauen uns an. Lääà-cheln! Ganz locker! Mir geht's brillant! Ich bin fit. Ich bin gut. Ich schlag sie alle! Und Action: Lächeln!

Frau Bequem: Das Tempo halten wir so nicht durch. Tante Rosa hat schon eine Interessengemeinschaft gegründet. Merkst du's nicht, hier zieht sich was zusammen!

Frau Eitel: Wah, wie ich das hasse! Ungebetene Gäste konnte ich noch nie leiden. Dämliche Verwandtschaft! Erst eine Woche zu früh hier aufkreuzen, die rote Fahne schwingen, und mir dann auch noch die Show vermasseln wollen! Die soll sich gefälligst zusammenreißen, die Schlampe!

Kilometer 10, 9:50 Uhr

Frau Eitel: Wenn wir das Tempo halten, schaffen wir's unter zwei Stunden!

Frau Bequem: Und wenn nicht, brauchen wir eben länger.

Frau Eitel: Was ist – l-ä-c-h-e-l-n – das denn bitte für eine verweichlichte Einstellung, hm? Kein Wunder hast du's zu nix gebracht. Durchhalten, kämpfen, laufenlaufenlaufen und schneller lächeln....hopp!

running! And don't let yourself get carried away by the hurly-burly at the starting line because we'll take it slow, real slow! We'll catch up with the high-speed-runners during the second half. Now, focus on your breathing – breathe in deeply, feel your belly expand. Then breathe out and relax. Again, breathe in again and feel your...

Miss Lazybones: Did you see that, huh? Did you notice? There! She smiled at me, giving me a wink! Let's move over there – let's get a little closer to...

Miss Vanity: Wait, wait a minute: don't you dare move an inch! You just stay where you are – it's a good starting position. We'll just stay where we are right now, period! Apart from that, my dear, I'd like to remind you of the fact that flirting is MY business, and I'll surely come to that later, when the half marathon's over! You get that?

After five kilometers, 9:20 a.m.

Miss Lazybones: Hey, we're running too fast!

Miss Vanity: Wow, you really suck! Just shut your trap and keep running! You see those people over there watching us? Keep s-m-i-l-i-n-g! We're all bouncy! I feel great. I'm in great shape. I'm really good. And I'll beat them all! And action: s-m-i-l-e!

Kilometer 17, so gegen 10:35 Uhr
Frau Bequem: Ich k-a-n-n nicht mehr! Dieses blöde Gehopse macht mich ganz krank!
Frau Eitel: Tss, Schwächling!
Frau Bequem: Meeensch, wir haben Seitenstechen, schon seit fünf Kilometern!
Frau Eitel: Jämmerlicher Jammerlappen!
Frau Bequem: Lass uns langsamer werden, bitte!
Frau Eitel: NOCH LANGSAMER? Vermutlich sind wir eh schon die Letzten! Meinst du, ich will die Absperrungen einsammeln helfen? Nein, danke, ohne mich! Ich kann schon gar nicht mehr zählen, wie viele uns schon überholt haben. Selbst die im Baumwollshirt von heute früh ist an uns vorbei gehinkt. Langsamer, pah! Dann können wir ja gleich aufhören!
Frau Bequem: Jetzt sei doch nicht gleich eingeschnappt. Einfach nur ein paar Meter gehen – bis zur nächsten Wasserstelle, und dann laufen wir wieder.
Frau Eitel: GEHEN!? Danke fürs Gespräch! Prima, das liegt nur an deinen Scheiß-Eskapaden von gestern! Das Bier war so was von überflüssig! Und das Abendessen? Natürlich viel zu spät!

Miss Lazybones: We won't be able to keep that pace. My unwanted visitor has started cramping and found good company: my whole body's starting to cramp!
Miss Vanity: Wah, I've never been fond of unwanted visitors! Bloody relations! First of all, they come a week earlier than expected, cheerily hoisting their red flag, and then they're trying to steal the show from me! Bloody bitches!

After ten kilometers, 9:50 a.m.
Miss Vanity: If we keep this pace we'll make it in less than two hours!
Miss Lazybones: And if we don't it'll take us more than two hours to finish the half marathon – honestly: I don't care!
Miss Vanity: Well, that's – S-M-I-L-E – not the right attitude, for God's sake! No wonder you're such a loser! We got to keep going, fighting, running-running-running and keep smiling faster...c'-mon!

After 17 kilometers, about 10:35 a.m.
Miss Lazybones: I can't go on! I've had e-n-o-u-g-h! This gallopping is making me sick!
Miss Vanity: Tss, you're a born loser!
Miss Lazybones: Gosh! We've been having a stitch for over five kilometers now!

Zudem hätten wir viel früher ins Bett sollen – und vor allem gleich schlafen. Und nicht noch... Hm, obwohl ich's zugegebenermaßen ja auch ganz nett fand. Aber ein bisschen mehr DISZIPLIN wäre jetzt schon angebracht! Also reiß dich am Riemen!

Frau Bequem: O-oooh, Blasenalarm! Im Unterleib und am großen Zeh.

Frau Eitel: Himmelarschundzwirn, ihr Schwächlinge! Verdammt, nur Versager um mich rum! O.k., wir brechen dieses Trauerspiel jetzt ab. Zwei Stunden sind eh nicht mehr zu schaffen. Aus. Schluss. Vorbei!

Kilometer 18, so gegen 10:50 Uhr

Frau Eitel: Versager, Versager, V-e-r-s-a-a-g-e-r! Altes weinerliches Wrack. Oberjämmerlicher Jammerlappen. Nicht mal so ein paar Kilometerchen schaffst du. Hast auch schon mal bessere Zeiten gesehen. Gott, wie supermegaoberpeinlich! Und dieses junge Gemüse springt zart und leicht an mir Übergewicht vorbei...tsss, ist das zu fassen?

Frau Bequem: Glaub mir, so ist es bequemer für uns.

Frau Eitel: Gutgütiger Himmel! Bequem, faul, träge, lasch – und das von Kopf bis Fuß! Wie alt sind wir eigentlich?! Ich fasse es nicht, wie ich mich

Miss Vanity: You're such an abominable weakling!

Miss Lazybones: Let's slow down, pleeease!

Miss Vanity: SLOW DOWN? You are asking me to slow down? You can't be serious! We might already be crossing the finishing line last! I didn't come here to help remove the fencing along the track! No way! I've already stopped counting the people who've passed us. And I even saw Miss Cotton-Shirt limping along and overtaking us early this morning. Tss, slow down! You must be crazy! We either keep our pace – or quit!

Miss Lazybones: Aaah, c'mon, don't be miffled! I just want to walk a couple of meters to the next drinks stand – and then we'll get running again, I promise!

Miss Vanity: WALK? You must be out of your mind! Forget it! It's all because of your damn escapades yesterday! I'm so sick of them! Why did you have to drink beer at all? Why the late-night-dinner? And why didn't you just go to bed earlier – and sleep, huh? Instead of sleeping you were fooling around...Well, o.k., I must admitt that I also enjoyed it, nevertheless. But all I'm asking of you now is a little more DISCIPLINE! So, pull yourself together!

hier zu Grabe trage... Jetzt noch drei Kilometer. Für fünf brauch ich ungefähr ne halbe Stunde. Also gehen drei vielleicht, na ja, 20 Minuten. Dann wär ich nach 2 Stunden 10 drin. Immerhin schneller als beim „Stuttgart Lauf". Na, wenn das kein Anreiz ist! Los jetzt, du rostiges Rüster, das schaffen wir!

Kurz vor dem Stadion, Zeit aus den Augen verloren

Frau Eitel: Leute, reißt euch b-i-t-t-e zusammen. Viel Publikum hier. Ich kann und will mir keine Schlappe erlauben! Und das Lächeln nicht vergessen, verstanden?

Frau Bequem: O.k., o.k., wir strengen uns ja an: volle Kraft voraus!

Im Stadion, keinen Plan, wie spät, aber das Ziel vor Augen

Frau Bequem: O.k., noch bis da hinten, wo die Bäume sind. Dann aber wieder ein paar Schritte gehen, sonst klapp ich zusammen!

Frau Eitel: Mmmmmmh, was für ein Gefühl! So viele Leute. Und alle feuern sie uns an. W-A-H-N-S-I-N-N!

Frau Bequem: P-A-U-S-E-E-E, bitte-bitte!

Frau Eitel: Ja-haa, da hinten bei den Bäumen! Aber hier lächeln wir uns noch durch, kapiert!

Miss Lazybones: O-oh, multiple alarm! My bladder, my lower abdomen and my big toe are calling for special attention and care!

Miss Vanity: For Christ's sake: your such an abominable weakling! I'm surrounded by nothing but weary weaklings and born losers! You're really pathetic! O.k., we quit! We won't be able to make it in two hours anyway! I quit – period! Game over!

After 18 kilometers, about 10:50 a.m.

Miss Vanity: Loser, l-o-s-e-r! You're an old abominable whining wreck! You're such a sissy! You can't even deal with running some lousy kilometers. You've seen better days, you lousy old fart. Gosh, it's so depressing and embarrassing – see how those whipper-snappers fly by...tss, unbelievable!

Miss Lazybones: Believe me – it's better for us that way!

Miss Vanity: Good grief, you're nothing but lazy, lethargic and limp – from head to toe! How old are we, by the way?! I can't believe I'm actually carrying myself to the grave like that... Phew, three more kilometers to go. It takes me about 30 minutes to run five, so it might take me about 20 minutes to run the last three. Which would mean that I could make it in 2:10 in total – which would be

Zieleinlauf, nur noch die Zeit im Auge
Frau Bequem und Frau Eitel im Chor: Auf geht's, Mädels! Und looooo-ooooooooos! Let's go-ho, girls! Jaaaa!

better than my total running time at the "Stuttgart Lauf". Well, that's something, isn't it! Now, go, you wacky wreck, we can still make it!
The stadium's in sight, time's out of sight
Miss Vanity: Now, p-l-e-a-s-e, get your act together! I simply can't allow myself to suffer a setback! And don't forget to S-M-I-L-E, did you hear me?
Miss Lazybones: O.k., o.k., we'll do our very best: full speed ahead!

In the stadium, time's still out of sight – but the finishing line's in sight
Miss Lazybones: O.k., we'll keep running until we reach the trees over there – then I definitely need to walk a couple of meters or I'll flake out!
Miss Vanity: Mmmmmmh, that feels sooo damn good! Look at all these people, masses of people! And they're all cheering us on – that's A-M-A-Z-I-N-G!
Miss Lazybones: Please-please-please, I need a break!
Miss Vanity: Yep, you'll get your break over there by the trees! But right now we just keep on fighting and smiling, got it?

Right before crossing the finishing line, time's all that matters
Miss Lazybones & Miss Vanity in unison: Let's go-ho, girls! And go-hooooooooooooo! Yeaaah!

Go for Fun!

Go for Fun!

Mehr als ein Schulsportfest für Erwachsene...

More than a school athletics carnival for adults...

C

Name/first and last name

Rodney Croome

Geburtsjahr/year of birth

1964

Stadt/city

South Hobart

Land/country

Tasmanien (AUS)/Tasmania (AUS)

Disziplin(en)/discipline(s)

Leichtathletik (400 und 5 000 m. Staffel gemischt) track and field (400 and 5 000 meters. mixed medley relay)

Schon seit vielen Jahren setze ich mich mit Leib und Seele für die Rechte und Belange von Schwulen und Lesben in Australien ein. Und das ist auch einer der Gründe, warum ich bei den Gay Games VI in Sydney mitgemacht habe. Dort war ich Hauptredner bei der Global Human Rights Conference und bei der Queer Group's Bill of Rights Conference an der Universität für Technologie. Darüber hinaus hielt ich bei der Health in Difference Conference einen Vortrag.

Doch meine Teilnahme als Sportler hatte andere Beweggründe. Ich verspürte den unbändigen Drang, meine körperlichen Fähigkeiten auszuloten und an meine Grenzen zu gehen. Warum ich das wollte? Ich wuchs in dem Glauben auf, schwach und ungelenk zu sein. Denn einerseits konnte ich nicht mit dem sportlichen Können und Ehrgeiz meiner Eltern mithalten. Und andererseits war ich mir bereits im Kin-

I have been an advocate and activist for Australian gay and lesbian human rights for several years – so it is thanks to my involvement in the human rights events that I participated in the Gay Games VI. In Sydney, I was keynote speaker at the Global Human Rights Conference as well as the University of Technology Queer Group's Bill of Rights Conference and I also spoke at the Health in Difference Conference.

Yet, my participation in the sporting program sprang from my desire to test the limits of my physical abilities. Why? I grew up convinced I was physically weak and uncoordinated. On the one hand, I felt I could not match the sporting prowess of my parents. On the other, as a child aware of his sexual differ-

desalter meiner „Andersartigkeit“ bewusst – und das in einem konservativ geprägten Lebensumfeld, in dem Anpassung oberstes Gebot war. So hatte ich nie ein gesundes, positives Köpergefühl und Selbstbewusstsein entwickelt, denn ich fühlte mich von meinem eigenen Körper betrogen.

Erst in den vergangenen Jahren ist es mir gelungen, den Mantel der Unzulänglichkeit abzulegen und meinen Körper so anzunehmen wie er ist. Die Gay Games kamen mir in der Hinsicht wie gerufen. So konnte ich mir selbst und gleich der ganzen Welt endlich zeigen, wie wertvoll und wichtig mir körperliche Leistungsfähigkeit und Fitness heute sind.

Und ich muss gestehen: Meine Erwartungen an die Gay Games wurden bei weitem übertroffen. Ich hatte eine Art großen Schulsport-Tag für Erwachsene erwartet. Aber ich durfte etwas ganz anderes erleben: Noch nie ist das Bekenntnis zu unserer schwulen Identität, unserer Kultur sowie unsere Kraft und Stärke klarer zum Ausdruck gekommen.

Am meisten beeindruckt hat mich die Eröffnungszeremonie. Mit diesem überwältigenden, bewegenden Ereignis mit fesselndem Programm ist den

ence in a conservative community that demanded conformity, I retreated from valuing or developing a body which I believed had betrayed me.

It has only been in the last few years that I have overcome these feelings of physical inadequacy and began to hold my body in greater esteem. The Gay Games seemed like the perfect place for me to show myself and the world that I have come to value physical skills and fitness.

And I have to confess: I was expecting from the Gay Games in Sydney much less than I actually got. I expected an adult version of a school athletics carnival, and received instead an unprecedented affirmation of gay identity, culture and power.

The Opening Ceremony left the most positive and strongest impression on me. In producing a grand event with an engaging story-line, the organisers succeeded where so many others have failed. There were many other impressions. Some wonderful ones were the camaraderie among the participants, meeting and making friends with people from all over the world. Whereas some disturbing impressions were the men and women strutting their medals on Oxford Street like peacocks and the

Organisatoren etwas gelungen, woran zuvor bereits viele gescheitert sind. Natürlich gibt es noch viele weitere Eindrücke und Erinnerungen. Schön war zum Beispiel die Kameradschaft untereinander. Oder dass ich Leute aus der ganzen Welt kennen lernte und neue Freunde fand. Einen unangenehmen Beigeschmack bekamen die Spiele jedoch, wenn man zum Beispiel Frauen und Männer mit ihren Medaillen wie eitle Gockel auf der Oxford Street herumstolzieren sah. Oder wenn man sich vor Augen führte, dass die Gay Games in den australischen Medien schlichtweg nicht stattfanden.

Aber es gab während der Spiele eine besondere Szene, die mich persönlich am meisten bewegte und beeindruckte: nämlich der Moment, als die Teams aus Indien und Pakistan gemeinsam bei der Eröffnungszeremonie einmarschierten – und dann auch noch zu erfahren, dass das ihr ausdrücklicher Wunsch gewesen war. Es sind Momente wie dieser, die mich in meinem Vorsatz bestärken: Solange ich lebe, möchte ich bei allen Gay Games dabei sein.

sad fact that the Australian media deliberately ignored the Gay Games.

But there is one particular moment that moved and touched me most: Watching the Indian and Pakistan teams marching together at the Opening Ceremony – and learning that this had been at their request.

It is moments like the one I just described that strengthen me in my desire: I plan to attend every Gay Game till I die.

Eröffnungsfeier in München – mit Marla Glenn
Opening Ceremony in Munich – with Marla Glenn

Einfach nur: eine unter vielen

Being an ordinary woman - and happy to be just that

f

Name/first and last name
Ulrike Folkerts
Geburtsjahr/year of birth
1961
Stadt/city
Berlin
Land/country
Deutschland/Germany
Team/team
Vorspiel Berlin
Disziplin(en)/discipline(s)
Schwimmen/swimming
Medaille(n)/Medal(s)
Silber 4 x 50 m Damenstaffel
Bronze 4 x 100 m Freistil-Staffel Mixed
silver women's 4 x 50 meters relay
bronze mixed 4 x 100 meters relay freestyle

Ich bin meiner Mutter wirklich dankbar. Es war eine weise Entscheidung, mich im zarten Alter von neun Jahren in einen Schwimmverein zu stecken. Heute profitiere ich davon. Ich schwimme gerne. Und das Beste: auch noch ganz gut für mein Alter. Beides sind natürlich gute Voraussetzungen, in Sydney bei den Gay Games VI mitzumachen - und das zum zweiten Mal.

Vom Sportlichen mal abgesehen: Es fasziniert mich einfach das Phänomen, dass man über eine Sportveranstaltung wie diese so viele Menschen aus so vielen verschiedenen Ländern unter dem einen gemeinsamen Nenner, Homosexualität, zusammen bekommt.

Es tut sooo gut, zu spüren: hey, es gibt „gay people" überall auf der Welt – und zwar viele. Und wir sind stolz und glücklich, dass wir so sind, wie wir sind. Dieses Gefühl ist unbeschreiblich schön und voller Kraft.

In retrospect, I really have to give thanks to my mother for signing me up for the swimming team club when I was nine. I have profited from that ever since. I really do like swimming. And best of all: I am still doing quite well for a woman my age. So I had just the right qualification and at least two good reasons for participating in Sydney's Gay Games VI – my second Gay Games experience.

Apart from the sportive, athletic and competitive aspect, I am totally fascinated by the fact that this event at-

Für mich ganz persönlich spielt es natürlich auch eine große Rolle, bei den Gay Games einfach eine von vielen zu sein. Nicht mehr die Promi-Schauspielerin aus dem deutschen Fernsehen. In Sydney kannte mich erst einmal niemand, und ich habe diese Tatsache ehrlich sehr genossen. Die deutschen SportlerInnen haben mir auf sehr freundliche Weise zu verstehen gegeben: Sie finden es toll, mich als „öffentliche" Person an dieser Olympiade zu erleben, weil ich mich so auch öffentlich als Lesbe zeige.

Wenn das der einen oder dem anderen Mut macht, wunderbar. Das würde mich unglaublich glücklich machen.

Mir war sofort klar, dass ich bei den Gay Games in Sydney mitmischen möchte. Ich kannte Sydney und Umgebung bereits und bin von der Stadt und seinen Bewohnern wirklich sehr angetan. Eine Stadt am Meer. Perfekt – bei dieser Kombination war es sofort um mich geschehen. Und dann noch Sommer im November. Genial. Schließlich on top: diese absolut unvergleichliche, wirklich gut organisierte Sportveranstaltung. Was will frau da noch mehr?

Einzig und allein wirklich negativ aufgefallen ist mir bei den Gay Games die Überzahl der Amerikaner. Das wa-

tracts so many people from so many different nations who have one thing in common yet: being homosexual.

I almost cannot put into words how incredibly great it feels to show all those who live a "normal", heterosexual life: hey, here we are, and there are many of us spread all over the globe – such a powerful and big community. And we are happy and proud to be who we are. This feeling is so indescribably wonderful, strong and powerful, it almost knocks you off your feet – it just feels so damn good.

But I also cannot deny that I felt really good just being considered an ordinary woman taking part in the games. Not the famous actress seen on German TV screens. Arriving in Sydney, nobody really knew me, nor my profession – something I deeply appreciated, honestly.

A number of German athletes came up to me, saying that they were happy to see me – a person in the public eye – participate in such an entirely gay event, publicly showing that I am lesbian.

And if this helps other lesbians and gays to step out of the dark of their closets: great – that would be just wonderful. This would make me a-b-s-o-l-u-t-e-l-y happy.

ren auffällig viele. Bei einer Gesamtzahl von 15 000 SportlerInnen, waren gut und gerne 4 500 aus den USA.

Warum ich das erwähne? Weil es mir zu denken gegeben hat, als ich erfahren habe, dass die Veranstalter speziell die Zielgruppe „amerikanischer schwuler Mann zwischen 30 und 40 Jahren" im Visier hatten, als sie für die Gay Games warben. Weil der das meiste Geld haben soll und innerhalb kürzester Zeit bereit sei, es vor Ort, also in Sydney, auch auf den Kopf zu hauen. Nicht so, sagen die Marketingplaner, die durchschnittliche Europäerin oder der Europäer. Die würden eher lange planen, Preise vergleichen, einfach sparsamer und weniger konsumfreudig an solch eine weite Reise rangehen. Aha. Auch so etwas lehren uns die Gay Games.

Ich sehe die Gefahr, dass der Kommerz bei den Gay Games zu stark den Ton angibt. Also richtig Geld damit zu machen. Was natürlich nicht überrascht, aber doch schade ist: Die Grundidee geht dabei verloren – nämlich ein Ereignis dieser Größenordnung alle vier Jahre mit den unterschiedlichsten Menschen aus möglichst vielen verschiedenen Nationen auszurichten.

When I heard about the Gay Games VI, my heart said: "you must go there!". I have been to Sydney before which made me a great fan of this wonderful city and its people. Moreover, it is a city by the sea – this is more than anyone could dream of. And: you get summer-feeling in November. Great. But it gets even better: there you find yourself immersed in this spectacular, unparalleled and well-organised event. What more can you ask for?

But there is one curious thing I noticed: the biggest contingent at the Gay Games came from the U.S. It was a strinkingly high number of American athletes. Something like 4 500 out of 15 000 participants from all over the world. So what, you may say. Well, there is something that set me thinking and made my blood begin to boil. I was told that the organizers and marketing experts of Gay Games VI were focussing on one specific target group: gay American, aged between 30 and 40. Because he is said to have the thickest bundle of dollars in this pockets and to be willing to spend it fast – in Sydney. And this does definitely not apply to the common European traveller, the marketing experts say. Europeans are said to be planning longer, comparing rates and

Eine andere Sache, die mich die ganze Zeit beschäftigt hat: Warum gibt es einen so großen Männerüberschuss bei den Gay Games? Weil zu wenig Frauen Sport treiben? Oder liegt es vielleicht am Geld? Haben die cleveren Marketingstrategen Recht, verdienen Frauen – Lesben – weniger und können sich deshalb eine solche Reise nicht leisten? Eins steht fest: Ich würde mir wünschen, dass mehr Frauen in Montréal dabei sein können.

Also, worauf wartet ihr noch? Rein in die Turnschuhe oder den Badeanzug oder oder oder – alles ist möglich. Dabei sein ist alles!

Und was dieses Dabeisein auslösen kann, ist mir bei der Eröffnungsfeier zu den Spielen klar geworden. Das war für mich einer der bewegendsten Momente in Sydney. Als all die SportlerInnen in dieses riesige Stadion einliefen. Zu sehen, wie viele tatsächlich gekommen waren. Sich bewusst zu machen, wie viele verschiedene Nationen den weiten Weg nicht gescheut haben und hier zusammen kommen. Da ist aber auch die Erinnerung an das Team aus China: genau zwei Frauen waren gekommen – sehr mutig, wie ich finde. So unendlich viele bewegende Bilder, glänzende Augen, gute Laune, unbändige Freude, da-

offers and they seem to have a more thrifty approach to planning such a long trip. So much for that. Lessons in sociology and economics made by Gay Games.

As for me, I think there is indeed an immanent danger of pushing the commercialization of the Gay Games too far.

Trying to make most money out of it – which is somehow understandable but at the same time very sad. Why? Because it overshadows the games' basic idea: to create an event that attracts all kinds of people from all over the world and brings them together every four years.

But there is another thing that also set me thinking: why is it that there are more men than women participating in the games? Are there too few athletic women? Or is it a question of money? Which would mean, according to the Gay Games' marketing strategy, that lesbian women earn less and thus cannot afford such a trip. But: I really wish more women would be able to come to Montréal. So, what are you women waiting for? Get into your sneakers or swimsuit or whatever you feel like getting into. Anything is possible and being part of the show is all that matters!

And what being part of "it" means,

Ulrike Folkerts am "Tatort Schwimmhalle".

German actress Ulrike Folkerts at a wet set.

bei sein zu können und so ein Teil des Ganzen zu sein. Und dann diese unendliche Kraft zu spüren: Ja, wir sind viele und es gibt uns überall auf der Welt!

Für mich sind es diese tausend kleinen wunderschönen Momente während der Spiele und auch das Gefühl von Stolz, Zusammenhalt und das Erleben dieser unbändigen Lebensfreude, die mir eines sagen: Du musst in Montréal wieder dabei sein. Deshalb werde ich weiter trainieren und möchte weiter Frauen dazu ermuntern, beim nächsten Mal – den Outgames in Montréal – selbst mit von der Partie zu sein. Frauen, Mädels: Wo seid ihr?! Worauf wartet ihr noch?

Also: Danke Mama, dass du mich damals ins kalte Wasser geworfen hast.

I realized at the opening ceremony – which was one of my most moving moments. Thousands of athletes entering the stadium, finally grasping how many people have actually come to be part of the games.

To realize how many different nations have come such a long way to Sydney to meet new friends. I also remember the Chinese contingent: two very brave women. And there are a million other moving snapshots in my head: bright, shining eyes, a great atmosphere, incredible joy, to be able to be there and to be part of this wonderful event. To feel this infinite power: yes, here we are – strong in number and in our hearts, all over the world!

With all those little, wonderful moments I savoured during the games, going along with the sense of pride, compassion and bursting zest for life in the air, I know: I simply have to go to Montréal. That is why I keep on practising and encouraging other women to go there too. All you women and girls out there: what are you waiting for? Just go for it!

Well, thanks mom for teaching me how to swim even through troubled waters.

Gelegenheit macht Liebe

Opportunity makes a thief of heart

g

Name/first and last name

Nora Goedhart & Kathleen Peters

Geburtsjahr/year of birth

1971 & 1958

Stadt/city

Wien & Hannover/Vienna & Hanover

Land/country

Österreich & Deutschland/Austria & Germany

Wien, Ende Juli 2004 (Regieanweisung: Der folgende Dialog wird in charmant singendem Österreichisch dargeboten.)

Eine Freundin: Natürlich gehst du mit! Erstens brauchen wir einen Coach beim Schwimmen und zweitens ändern deine Mundwinkel dann vielleicht endlich mal wieder ihre Startplätze auf die höheren Ränge!

Nora: Ich weiß, ich wei-heiß. Mich nervt meine Depri-Laune ja auch. Aber gut drei Jahre kann ich eben nicht einfach so ad acta legen. Außerdem hab ich überhaupt gar keine Lust, dann lauter Pärchen um mich zu erleben. Nee, lass mal – ich will lieber in Wien bleiben.

Freundin: O-ooh, Noras Zickenalarm! Du wirst doch wohl meinem freundschaftlichen Charme nicht wiederstehen wollen? Es ist einfach zu traurig, wie du dir selbst leid tust! Geh jetzt mit, und wir bringen dich auf andere Gedanken!

Vienna, end of July 2004 (stage direction: the following dialog is to be presented in charmingly-singing Austrian)

A friend: You'll definitely be going with us! First, we need you as our swimming coach. And second, the corners of your mouth definitely need a lift – I simply can't wait to see a big, loving smile on your face again!

Nora: Yeah, I know, I know, I'm also sick of feeling sad and depressed and moody and all. But I simply can't just brush off those past three years of loving and spending my life with my significant other. Besides, I'm not too keen on having nothing but happy couples around me. Let's just forget about this Munich thing, I'd rather stay in Vienna.

A friend: Oh-oh, Miss Bitchy's back again! You've not just decided to withstand the irresistable charm of a good friend, have you? Don't you think it's time to stop feeling sorry for yourself? Come with us, and we'll cheer you up, promise!

Stuttgart, irgendwann mal, Büro (Regieanweisung: Der nun folgende Begeisterungssturm bricht bei Kathleen mit streng amerikanischem Akzent aus, ist deshalb aber nicht weniger charmant als der österreichische Motivationsversuch von siehe oben.)
Kathleen: Hey, cool! Wusste gar nicht, dass es so was gibt! Und ihr spielt dort Badminton? Super! Das will ich mir anschauen. Wenn es mir bei diesen EuroGames gefällt, dann spiel ich nächstes Mal gleich in Utrecht beim Tennis mit – brauch eben nur noch eine Partnerin! Wann fahren wir los?

München, bei der EuroGames „Big Ladies' Night", superspät am Freitagabend
Kathleen *(erzählt, was bei ihrer Entdeckungstour dann alles geschah):*
„Wow, ist das voll hier! Cool – alles Frauen", hatte ich noch so bei mir gedacht, als ich mit Doris ausmachte, uns einfach eine Stunde später wieder zu treffen. Allein konnte ich einfach viel besser schauen. Hey – soo viele Frauen auf einem Haufen – und ich musste erst 46 werden, um so was zu erleben! Als mir meine Kolleginnen von den EuroGames erzählt hatten, wusste ich damals ja noch nicht, worauf ich mich da einlassen würde. Aber ich bin einfach

Stuttgart, someday in an office (stage direction: the following storm of enthusiasm is to be presented with a heavy American accent – which makes Kathleen's enthusiasm as charming as the Austrian attempt at motivating Nora, see above)
Kathleen: Hey, that's cool! I didn't even know the EuroGames existed! And you'll be playing badminton there? Great! I surely don't want to miss that. Who knows: I might even get hooked and join the next EuroGames in Utrecht myself playing tennis. The only thing I still need is a tennis partner! When will we be leaving for Munich?

Munich, at the EuroGames "Big Ladies' Night", quite late in the evening
Kathleen *(recalls what happened to her at the party):*
"Wow, this place is really hopping! Cool – sooo many women", I remember thinking to myself as I spoke to Doris about meeting each other later again because I wanted some time to myself. Scouting out party terrain is much easier if you do it on your own. "Gosh, soo many women in one place – and it's taken me 46 years to experience something like this!", I was thinking. When my colleagues first had told me about the EuroGames I didn't have a clue what I was about to get involved in. Plus, I'm curi-

von Natur aus neugierig. Und nach über zehn Jahren Beziehung, die nie „out and proud“ war, kannte ich die Szene immer noch nicht, und ich wusste: „Kathleen, du hast wirklich was nachzuholen!“
Ich hatte an diesem Freitagabend schon zwei Runden hinter mir, als sich plötzlich die Vibrations änderten. Das Getöse um mich herum verstummte, und ich konnte nur noch in eine Richtung schauen: groß, blond und enorm sexy stand sie da. Knallrote Hose und ein Oberteil, das ich plötzlich geil fand – obwohl es mir bislang nie nachvollziehbar schien, was einen veranlassen kann, mit einem Rollkragenpulli tanzen zu gehen. Dieser Rollkragen war anders. Und stand dreieinhalb unendlich weite Meter entfernt neben mir. Eine Ewigkeit von zwei Minuten überlegte ich: Wie stellst du es an? Was fragst du sie? Warum sieht sie wohl so traurig aus? Wie kommst du mit ihr ins Gespräch? Vielleicht mit: „Weißt du wie spät es ist?“ Oder: „Wie gut ist dein Englisch? Bist du zum ersten Mal hier? Bei welcher Sportart machst du mit?“ Halt, stopp – das interessierte mich doch alles gar nicht! Ich musste doch nur wissen, ob die Bahn frei ist. Also dann doch eben gleich mit der Tür ins Haus...

ous by nature, and after more than ten years of living in a non-out-and-proud relationship, I still didn't know the lesbian scene. But one thing I knew for sure: 'Kathleen, you really have a lot to catch up on, and you better do it fast!'
I had already been looking around and dancing for quite some time as, suddenly, the vibrations completely changed. All of a sudden, the crazy noise subsided, and all I could do was look in one direction. There she stood: tall, blonde, hot. Clad in bright red pants, combined with a turtleneck. This was the first turtleneck in my life that turned me on – although I've never quite understood people wearing turtlenecks for disco dancing. But this turtleneck was different. And it was standing seemingly endless 3.5 meters away from me. It took me a lifetime of two minutes thinking about the next crucial steps: How do I get in touch with her? What shall I ask her? Why does she look so sad? Which question shall I pop first? Maybe something like: "Do you have the time?" Or: "How's your English? Your first time here? What's your sport? Stop, wait a minute!", I reminded myself, "you're not interested in all that nonsense! The only thing you really need to know is if she's single or not. O.k., let's get started! Time to blurt it straight out..."

Ich: *Bist Du mit jemandem hier?*
Sie: *Ja, mit zwei Freundinnen. Die schwimmen.*
Ich: *Ah schön! Dann bist du als Zuschauer hier. Ich auch. Willst du tanzen?*
Sie: *Nein, vielleicht nach ein oder zwei Bier. Ich würde lieber erst mal mit dir reden.*
Ich: *O.K. Hi – ich bin Kathleen!*
Sie: *Nora.*

Nora *(erzählt, wie sie diesen denkwürdigen Abend erlebt hat):*
Auf der Party hatte ich bereits einen ewig langen Tag hinter mir. Nachmittags in der Schwimmhalle war es viel zu heiß gewesen. Also bin ich draußen rumgelaufen. Und die Zeit wollte einfach nicht vorbeigehen. Die gut gelaunten Leute sowie die ausgelassene Stimmung nahm ich wahr wie eine andere Welt. Ich konnte einfach nicht eintauchen, konnte mich nicht anstecken lassen. Ich hatte so ein Gefühl als würde ich im Wasser verdursten. „Aber auch dieser Tag wird ein Ende haben", beruhigte ich mich innerlich. Irgendwann hieß es dann, dass wir zur „Big Ladies' Night" gehen würden. O.k., von mir aus. Das würde ich auch noch rumkriegen. Eigentlich war mir ja so ziemlich alles egal. Dann die Party: Nachdem ich

Me: *Did you come here with somebody?*
Her: *Yeah, I came here with two friends of mine, they're both swimmers.*
Me: *Ah, that's cool! So, you're also only watching sports then – like me. Do you feel like dancing?*
Her: *Well, after one or two beers maybe. I'd rather talk with you first...*
Me: *O.K. Hi, I'm Kathleen!*
Her: *Nora.*

Nora *(recalls the evening from her perspective):*
By the time I arrived at the party, it had already been a long, long and rather strenuous day for me. In the afternoon, I had been watching my friends swimming but I had left the swimming arena at some stage because it had been way too hot for me in there. Hence, I tried to kill time by aimlessly strolling around. All those happy people and the euphoric atmosphere seemed somewhat unreal to me. I simply couldn't relax and wouldn't let myself be infected by the positive vibrations. A strange feeling had seized me: I felt like dying of thirst although I was swimming in deep waters. "There'll be an end to this day, that's for sure", I was trying to calm my-

bereits einige Male meine Kreise gezogen hatte, beschlich mich einfach die Langeweile. Wenigstens war die Musik ganz gut und vor allem nicht so laut. Da stand ich also und schaute etwas genervt, gelangweilt oder ganz einfach unbeteiligt in die Runde. F-L-A-S-H! Kopf und Augen unter Hochspannung: Hey, was ist das denn? Supersüß! Was die wohl hierher verschlägt. Uups, ich glaub, jetzt hat sie gemerkt, dass ich rüberschaue. Woran das wohl liegt, dass man merkt, wenn einen jemand anschaut? Ich schau zurück, sie schaut weg. Sie schaut her, ich schau weg – so ging das hin und her. Plötzlich stand sie neben mir – einfach süß. Tanzen wollte ich nicht, also sind wir was trinken gegangen.

Kathleen: Mein Kopf lief auf Hochtouren: Wenn sie jemanden hat, dann lass ich es. Und wenn sie nicht „out" ist, dann auch. Und wenn sie mit meinen Rahmenbedingungen nicht umgehen kann – dann auch. Und wenn sie doof ist – oh je, dann natürlich auch. Und wenn sie so ein Trauerkloß ist – dann auf jeden Fall auch. Meine Güte Kathleen, so nervös kenn ich dich gar nicht! Ansonsten musste ich einfach alles über sie erfahren.

self. At some stage, my friends decided that we'd be going to the "Big Ladies' Night" – o.k., whatever! I didn't care, I'd survive even that. I was in such a bad, nasty mood. I couldn't have cared less.

Then I found myself at the party, and after I had checked out the location, the dance floors, bars and the crowd, I couldn't help but feeling bored. Yet, I liked the music which was really good and not too obtrusively loud. Well, there I stood – looking around, watching people, being bored and all worked up. F-L-A-S-H! My eyes, my head, my body: high voltage! Hey, look at that women over there: sooo cute! How and why did she end up here? Oops, I think she's noticed that I was staring at her. Why is it that you always know when somebody is watching you? And here's the game we played: I turn to look at her, she turns her head. She looks in my direction, I look away. Silly girls. Suddenly, she was standing right next to me – simply sweet! And as I didn't feel like dancing, we went to have a drink.

Kathleen: My mind was raging with "what-ifs": What if she already was in a relationship? Then, I'd just leave her alone. What if she wasn't "out"? And what if she took a different view on relationships than I did? Then, I'd just forget about her. And what if she was, well, not

Ich: *Ähm – bist du echt lesbisch?*
Nora: *Bitte?*
Ich: *Also ich meine, bei meiner ExFreundin durfte immer niemand wissen, dass wir zusammen sind.*
Nora: *Ach so. Ach ja.*
Ich: *Und – wie ist dein Frauentyp?*
Nora: *Du kannst ja fragen!*
Ich: *Sag schon, wie ist dein Frauentyp?*
Nora: *Also etwas älter, dunkelhaarig, ehrgeizig. Eine, die mitten im Leben steht und weiß, was sie will. Selbstbewusst eben. Und, das ist etwas schwieriger, aber am liebsten eine Frau mit Kindern.*
Ich: *Hey, dann hab ich sehr gute Chancen bei dir!*

Nora: Ganz ungewöhnlich fand ich, dass wir uns gleich so viel zu erzählen hatten. Und, Mist, warum mussten die beiden Damen gerade dann auftauchen, als ich am Auftauen war? Denn plötzlich standen meine zwei Begleiterinnen auf der Matte und meinten etwas spröde: „Wir wollen jetzt gehen!"
Kathleen: Super timing! Und ich dachte so bei mir: „Fine, dann geht ihr beiden doch schon mal. Nora kann ja bleiben!".

my type of woman or one of those wet-blanket-women? In those cases, I'd also just forget about her. "Geez, Kathleen, I haven't seen you that nervous in a long time!", I suddenly realized. I simply had to get to know everything about her.

Me: *Uhm – and you're really a lesbian?*
Nora: *Pardon?*
Me: *Well, I mean my ex-girlfriend had a problem with being in a lesbian relationship – nobody knew that we were actually a couple. Well, rather: a couple in the closet.*
Nora: *Aah, well, now I understand.*
Me: *And what's your type of woman?*
Nora: *That's what I call a question! !*
Me: *Will you tell me?*
Nora: *O.k. fine: she's slightly older than me, dark-haired, ambitious. She knows what she wants and has both feet firmly on the ground – she's a self-confident woman. And – to make things even more difficult – I'd like a woman with kids.*
Me: *Hey, I might have quite a good chance with you then!*

Pech gehabt. Meine Güte, was für eine Organisation: drei Frauen und nur ein Schlüssel. Das war's dann wohl. Ich sah meine Felle davonschwimmen. Auch wenn diese blonde Nora bislang recht reserviert mir gegenüber gewesen war, so schnell wollte ich nicht aufgeben. Der letzte Rettungsanker: „Gib mir deine Handynummer!" So schrieb ich ihr – wie wir noch so zusammenstanden – eine SMS, die da lautete: HI NORA. THIS IS KATHLEEN. NICE TALKING TO YOU. Und weg war das Wunder...

Nun ja, der Rest des Abends bedarf keiner weiteren Erwähnung. Aber als ich zu Hause war, hatte ich auch eine SMS: TREFFEN WIR UNS AUF DER ORANGE PARTY? Und in vollendeter Perfektion war auch gleich noch die Adresse dabei.

Nora, *Samstag ganz früh auf dem Olympiagelände:*

Ich war so was von aufgeregt. Die ganze Nacht hatte ich nicht schlafen können. Entsprechend früh bin ich dann aufgestanden. Kreuz und quer durch die Stadt gefahren und schließlich auf dem Olympiagelände gelandet – immer in der Hoffnung, ich könnte Kathleen se-

Nora: That wasn't the usual type of come-on, and I was surprised by the fact that we connected so well, talking about this and that, almost talking ourselves hoarse. But, shit, why did my two female companions have to turn up at my doorstep again just as I was opening up? "We'd like to go now!" – that was the beginning of the end of this quite promising evening.

Kathleen: "Fantastic timing!", I remember thinking to myself: "Fine, if the two of you feel like leaving – please feel free to go! Nora can stay with me!", I growled out to myself. That really was bad, bad luck for me since the two women and Nora were facing organizational difficulties: they only had one key for the apartment they were staying in. That was the point I saw the curtain fall, and suddenly, all my hopes were dashed. Yet, despite this blonde Nora's overt reserve and coolness, I didn't want to give up that easily. That's why I decided on staking everything on one card: "Why don't you give me your mobile phone number!" So, as we stood there saying goodbye, I started typing a text message for Nora saying: HI NORA. THIS IS KATHLEEN. NICE TALKING TO YOU. And gone was this woman-wonder... Well, the rest of the evening's really not worth mentioning. But when I arrived at

hen. Immer wieder rief ich mir den gestrigen Abend ins Gedächtnis. Diese verrückte Amerikanerin! Die gefiel mir richtig gut! Meine beiden Schwimmerinnen fanden sie auch süß. Die beiden hatten mich auf dem Heimweg noch aufgezogen: „Kaum lassen wir dich mal aus den Augen, schon hast Du was an Land!" Hey, und was ich da an Land hatte! Irgendwann hielt ich dieses suchende Herumlaufen nicht mehr aus und schrieb Kathleen ein SMS. Keine Antwort.

Kathleen, *mittags im Rainbow Village:*
Ich war zum Brunch mit meinen Freunden und Kollegen. Mein Handy hatte ich im Auto vergessen. So las ich Noras SMS natürlich erst mit einiger Verspätung. Dafür wurde dann um so heftiger hin- und her gesimst, bis wir nach vier, fünf Nachrichten ausgemacht hatten, wer, wann, wo, wie und mit wem ins Rainbow Village kommt. Wir wollten in die Tanzhalle und vorher noch ein Bierchen trinken. Natürlich hat es mich gefreut, dass sie sich gemeldet hatte, aber als sie dann ins Rainbow Village kam... Oh Mann, war die Dame heiß! Knackarsch. Schwarze enge Hose. Ärmelloses Shirt. Wahnsinn. Holy shit! „Kathleen, mach den Mund wieder zu

my place, I also had a text message on my display that read: SHALL WE MEET AT THE ORANGE PARTY? What a perfect message – and Nora had, very considerately, also given me the location's address.

Nora, *Saturday morning, Olympic site:*
I haven't been that nervous in a long, long time. I hadn't slept a wink all night and gotten up early in the morning. Then, I had been roaming about the city for some time and finally wound up on the Olympic site – always hoping to spot Kathleen somewhere. I couldn't help recalling the memories of the night before. This crazy American woman! Gosh, I really liked her. Naturally, my two friends also had their say: they agreed she was cute. The night before, they had constantly been teasing me on our way home: "Once we're out of sight, you already have your eye on some woman!" Oh yeah, I really did have my eye on this Kathleen! At some stage I got really tired of aimlessly, stupidly, searchingly wandering around and wrote Kathleen a text message. But no reply.

Kathleen, *around midday, the Rainbow Village:*
I had been to brunch with my friends and colleagues. And as I had left my mo-

und geh uns ein Bier holen! Wir treffen uns drüben auf der Wiese am See wieder!" Ja, ja – die lieben Freunde und Kollegen. Was täte man ohne deren so aufrichtige Anteilnahme? Ich zog also los, besorgte Bier für zig Leute und gesellte mich dann wieder rasch zur Runde auf der Wiese. Natürlich war der Platz neben Nora noch frei und natürlich setzte ich mich genau dort hin. „Prost!"

kurz vor 17:08
Wie gerne wollte ich jenen Moment festhalten! Ein Foto musste her. Also packte ich meine Kamera aus und drückte sie Albert in die Hand.

Ich: *Hey Albert, mach mal ein Foto von uns!*
(Das war die Gelegenheit, den Arm um Nora zu legen und ein Stückchen näher zu rücken.)
Ist ein bisschen langweilig so, mach doch mal was Nora!

Nora: *Soll ich Dich jetzt küssen, oder was?*
(Lieber Himmel, dachte ich, hoffentlich würde Kathleen jetzt nicht nein sagen! Mein Herz raste wie irre...)

Ich: *Jaaaaaaaaaa!*

bile in the car, I read Nora's text message late. But the very moment I've read it, a real message-marathon started – and we decided to meet at the Rainbow Village to have a beer together and watch ballroom dancing later. Sure, I was happy to have heard from her but when I spotted her at the Rainbow Village, the sight of her took my breath away... Oh my God – this woman was hot! Sexy bum – clad in black, tight pants. Sleeveless shirt. Holy moly! Shhhit! "Kathleen, what about closing your mouth again and getting us some beer? Let's meet over there at the lake!", I heard a distant voice saying. Uhm, well, it's always good to have your dear friends and colleagues around – what would you do without their loving care and advice? So there I went, getting beer for huge numbers of people. Then, I got quickly back to meet them sitting by the lake. Naturally, I seated myself right next to Nora who had kept a seat for me. "Cheers!"

Shortly before 5:08 p.m.
How I'd loved to capture that moment on film! Hence, I grabbed my camera and handed it over to Albert.

Me: *Hey, Albert, will you please take a picture of us!*

So kam es, dass unser erster Kuss als Bild dokumentarisch verewigt ist. Kurz, aber wesentlich. Und vor der Tanzhalle hat mir diese Dame namens Nora dann schließlich mein Herz gestohlen.

Nora, *wenige Minuten nach dem Kuss:* Mist, Mist, Mist, gleich nach diesem Wahnsinnskuss musste ich leider weg. Ich war so durcheinander und aufgeregt, dass ich auf mein Fahrrad gestiegen und glatt in die falsche Richtung losgefahren bin. Mein Kopf schwirrte, mein Magen flatterte: Mein Gott, konnte diese Frau KÜSSEN!

(This was giving me the opportunity to put my arm around Nora. . .and to move a little closer.) Well, that's not it yet – why don't you do something, Nora?

Nora: *What am I supposed to do? You want me to kiss you or what? ("Heavens! Oh my God, what if she declined? Please, kiss me Kathleen!", I was thinking to myself and my heart was skipping a beat...)*

Me: *Yeaaaah!*

That's how our very first kiss was captured on film for posterity. It had been a short kiss, yet a crucial one. And standing right in front of the ballroom dancing arena, this woman named Nora finally stole my heart.

Nora, *a couple of minutes after the kiss:* Shitty-shit! Again, we had become victims of real bad timing, because after our kissing I had to leave. I was so excited, thrilled and confused that I got on my bike – unfortunately taking the wrong direction. I felt dizzy with excitement: my head buzzing and my knees shaking. Oh my goodness, this Kathleen was such a great kisser!

Freistil im Flaggenmeer

Freestyle in a sea of flags

g

Name/first and last name
Ansgar Grage
Geburtsjahr/year of birth
1965
Stadt/city
Frankfurt
Land/country
Deutschland/Germany
Team/team
Aqualibido
Disziplin(en)/discipline(s)
Leichtathletik: 200 m Sprint
Schwimmen: 50 m Freistil; Staffel 4x50 m
track and field: 200 meters sprint
swimming: 50 meters freestyle; 4x50 meters relay

Zunächst einmal ein paar Eckdaten zu meiner Person: Ich lebe seit 15 Jahren glücklich und zufrieden in einer schwulen Beziehung. Wir sind beide als Selbständige in der Hotel-Branche tätig und haben zwei Hunde zu Hause – die sind so was wie unsere Kinder. Ja, und neben dem stressigen Beruf liebe ich das Reisen: am liebsten Amerika und dort in meine Lieblingsstädte New York, Miami und San Francisco.

Ich bin schon seit Jahren sportlich aktiv, dementsprechend gebaut und kann daher nicht klagen. Ich gehe zwei Mal die Woche zwei Stunden schwimmen und bin ungefähr drei Mal in der Woche im Fitness-Studio zu finden. Beim Sport zählt für mich in erster Linie Teamgeist. Und, wie heißt es doch so schön: Dabei sein ist alles!

Bei mir war es eine Mischung aus sportlichem Ehrgeiz, dem Kräftemessen in den unterschiedlichen Altersstufen und der Lust am Schwimmen, die

To begin with, here are some facts about me: I've been happily living in a gay relationship for 15 years now, and life is good. Both, my partner and I, are self-employed in the hotel business. We have two doggies that you could call our "kids". To distract myself from the rather strenuous job, I love to travel: the USA is my favorite destination and my number one places are New York, Miami and San Francisco.

I have been keeping my tone by doing sports for many years now, which generously shows on my well-built body of which I am quite proud. I usually go swimming twice a week, accompa-

mich nach Sydney gebracht hat, wo ich für das Frankfurter Schwimm-Team aqualibido an den Start ging. Sicherlich hat die Stadt an sich auch einen großen Teil dazu beigetragen. Einmal selbst in den Stadien an den Start gehen, wo auch die Olympischen Spiele stattgefunden haben: Das hat schon was!

Und dann dieses lockere, internationale Miteinander bei den Wettbewerben in den Stadien wie auch privat abends in den Straßen und Bars der Stadt: herrlich.

Sydney hat uns Sportlern das Gefühl gegeben, wirklich willkommen zu sein, ganz ohne die ganzen Vorurteile und Vorbehalte, die es sonst so gibt.

Ob Registrierung, Eröffnungsfeier – der absolute Wahnsinn –, das Handling der Wettkämpfe, die großen Party-Events für uns Sportler (Harbour, Black, Aqua, um nur die größten zu nennen) oder natürlich auch die Abschlussveranstaltung – alles war perfekt durchdacht und lief reibungslos. An dieser Stelle noch mal: Kompliment, Sydney! Da hat es der nächste Austragungsort der Gay Games weiß Gott nicht leicht. Das ebenso gut hinzukriegen, wird ganz schön schwer werden.

Ich hatte mir natürlich auch von den Spielen erhofft, dass sportlich fair, tole-

nied by exercising in the gym about three times a week. The thing I like most about sports? I would definitely say: team spirit, and if I had a slogan it would certainly be: Taking part is what really matters!

It was not just my athletic ambition that made me go to Sydney as a member of Frankfurt's swimming team aqualibido. I simply love to swim and I like to compete with other swimmers. Furthermore, the city itself was reason enough for me to go there. The games in Sydney were such a great opportunity to savor the real Olympic spirit – in the original Olympic stadiums.

And there we were, in Sydney, Australia, competing and celebrating, mixing and mingling, simply enjoying ourselves: in the stadiums, the city's streets and bars at night. It felt wonderful. Sydney really made us feel welcome without the unpleasant taste of prejudice and reservation we often face.

The organizers of Gay Games VI did an amazing job: registration, the opening ceremony – a milestone –, the scheduling of the competitions, the big events and parties (Harbour, Black, Aqua, just to mention the biggest ones) and, naturally, the closing ceremony – everything was perfectly planned and carried out.

rant miteinander umgegangen wird und dass auch die Stadt Sydney voll und ganz dazu steht, Austragungsort der internationalen schwulen Sportspiele zu sein – hier wurden meine Erwartungen echt übertroffen. Die ganze Stadt war ein großes regenbogenfarbenes Flaggenmeer. Da habe ich gerne eine Flagge gesponsort und mit nach Hause gebracht.

Nie vergessen werde ich die Eröffnungszeremonie. Ich weiß gar nicht mehr, wie oft ich da Tränen in den Augen hatte. Aus sportlicher Sicht waren meine persönlichen Highlights zum einen der Start zum 200-m-Zwischenlauf: Diese Sekunden im Startblock bei meinem ersten Wettkampf auf internationaler Ebene vor jubelndem Publikum werde ich ganz sicher nicht so schnell vergessen. Zum anderen mein Start zum 50-m-Brustschwimmen im Sydney Aquacenter – auch ein Gänsehaut-Moment.

Und weil Sydney so genial war, wird nun fleißig trainiert: für die Gay Games VII, ist doch klar!

My compliments, Sydney! Hence, it will be quite difficult for the Gay Games VII hosting city to do an equally good job.

My very personal expectations about Sydney? Naturally, I hoped the games' climate to be fair and tolerant and that Sydney would be committed to host these international Gay Games. In this respect, my expectations were exceeded. The whole city was a sea of rainbow-colored flags. Thus, I decided to sponsor one of them and take it home to Germany.

Never in my life will I forget the Opening Ceremony. I really cannot remember how many times I had tears rolling down my cheeks. From a sporting point of view, one of my personal highlights was the start of the 200-meters run: my first international competition. These precious, intense seconds in the starting block, with thousands of people cheering, I will never forget. Another sporting peak was the countdown for the 50 meters breast-stroke at the Sydney Aquacenter: I had goose bumps all over.

My next goal after Gay Games VI in Sydney? The Gay Games VII, what else!

Paartanz: ein Glanzlicht der Games.
Ballroom-dancing: one of the highlights of the Gay Games.

Warst du da – hast du mich gesehen, Mama?

Mom, did you see me?

g

Name/first and last name
Christine Gundlach
Geburtsjahr/year of birth
1974
Stadt/city
München/Munich
Land/country
Deutschland/Germany
Funktion/capacity
Pressesprecherin EuroGames/
spokeswoman EuroGames

Meine EuroGames 2004 hatten bereits weit, weit vor jenem Tag begonnen, an dem sie offiziell eröffnet wurden. Turnschuhe und Sportgerät brauchte ich für meine Vorbereitung auch nur bedingt. Dafür aber Nerven wie Drahtseile, Fax, PC, Unmengen Papier, Telefon und jede Menge Kaffee.

Denn meine „sportliche" Disziplin war die ehrenamtliche Mitarbeit als Pressesprecherin der EuroGames 2004 in München. Als gelernte Kommunikationswirtin kannte ich mich ja bereits mit derartigen Anforderungen und Aufgaben aus, und als PR-Managerin hatte ich auch schon jede Menge Erfahrung im Organisieren von Gay Travels und Special Events gesammelt. Als mich dann auf der Internationalen Tourismusbörse in Berlin Sophie – bei den EuroGames für das Sponsoring verantwortlich – ansprach, ob ich nicht Lust hätte, das Presseteam zu verstärken, habe ich das Projekt EuroGames dann für mich genauer unter die Lupe genom-

My personal EuroGames 2004 had already begun long, long before the games were officially declared open. My my games' preparation did not require trainers or other sports equipment. But good nerves, a fax machine, tons of paper, a telephone and countless mugs filled with steaming hot coffee.

Weird kind of sport, you might think – but it wasn't as I was working as spokeswoman of the 2004 EuroGames in Munich. Since I am a trained communications specialist and as I've already worked as a PR manager organizing gay travels and special events, I knew what there'd be in store for me as spokeswoman of such a huge event. And here's how I got this interesting job: when I was working at the international tourist fair in Berlin, Sophie, the woman in charge of the EuroGames' sponsoring matters,

men und mich mit Leuten aus den Organisations-Teams getroffen. Mir wurde schnell klar, dass hier keine halben Sachen gemacht wurden. Ich war beeindruckt von der Professionalität, mit der hier gearbeitet wurde: Die Broschüren und die Website der EuroGames München waren toll. Und schon hatte mich das EuroGames-Fieber gepackt. Ich hängte dann recht schnell meinen alten Job an den Nagel und entschied mich für das Ehrenamt als Pressesprecherin der EuroGames. Plötzlich war ich Teil eines tollen Teams, das begeistert war, gemeinsam etwas Großartiges zu schaffen. Das hat mich natürlich richtig mitgezogen. Ob hetero, gay, bi oder was auch immer: Hier fand ich die Offenheit und Akzeptanz, die es mir ermöglichte, mein privates und berufliches Ich zusammenzuführen. Eine runde Sache für mich. Ebenso „rund“ wie der Grundsatz, der Auftrag, das Programm und das Ziel der EuroGames. Denn sie bieten vielen Schwulen, Lesben und 2004 zum ersten Mal auch Behinderten eine sportliche Perspektive. Sie vereinen den sportlichen Gedanken mit der schwul-lesbischen Lebensweise. Sie zeigen die Internationalität der Community. Sie sind politisch. Sie bereichern die kulturelle Landschaft. Und sie machen es mit dem Outreach-Pro-

approached me, asking if I could picture myself working as spokeswoman of the EuroGames in Munich. Taking a closer look at this grand event and meeting with people of the organizing committee I soon realized that the people involved in the games' organization didn't do things by halves. I was impressed by the degree of professionality and perfection with which people set to work and I also liked the website and the brochures. And soon I had it bad: the spirit of the EuroGames and the team's enthusiasm seized me and I felt the time was right for quitting my job to be able to volunteer at the EuroGames as spokeswoman. All of a sudden I was member of a wonderful team eager to create something meaningful and powerful – this made my spirits and motivation soar. How I loved the atmosphere: no matter if you were hetero, gay, bisexual or whatever – everybody was welcomed with open arms. I was thus able to bring in both my private and professional ego. I felt at ease – the job, my personality and the principle, the vision, the program and the goal of the EuroGames were a perfect match. I love the EuroGames for their ideals which I share: offering gays, lesbians and – for the first time in 2004 – also disabled persons a great opportunity to challenge themselves in sports. The EuroGames

gramm möglich, dass Menschen bei den Spielen dabei sein können, für die dies sonst aus politischen oder finanziellen Gründen nicht möglich wäre.

Erklärtes Ziel der Organisatoren war es natürlich, den 5 300 Teilnehmern in München ein schönes, reibungslos verlaufendes Sportfest zu bieten. Ich glaube, das ist uns ganz gut gelungen. Das Wetter war fantastisch, die Stimmung auch. Alle genossen das „Normalsein", denn hier schien die Realität auf den Kopf gestellt, und hatten jede Menge Spaß. Das gilt natürlich auch für mich. Denn auch mir persönlich bescherten die EuroGames Momente und Erlebnisse, die ich nicht so schnell vergessen werde.

So hätte ich zum Beispiel nie gedacht, dass ich einmal vom Rathausbalkon in München einer riesigen, hörbar begeisterten Menschenmenge zuwinken würde. Denn bereits vor den Spielen wurde der Vorstand der EuroGames, zu dem ich auch gehörte, zum Auftakt des Christopher Street Day (CSD) von einer Riesenmenge stürmisch begrüßt. Trotz anhaltenden Regens waren so unglaublich viele Menschen gekommen. Und dann ich, in den „heiligen Hallen" Münchens stehend, Polizei mit dabei – das war einfach ergreifend. Ich

make sports and gay-lesbian culture meet. They demonstrate the diversity and internationality within the community. They make a political statement. They enrich our cultural landscape. And, with the outreach-program they promote the participation of people who wouldn't be able to take part in the games otherwise: people facing political or financial pressure or both.

Naturally, we, the team of organizers, had set ourselves the goal of making the EuroGames in Munich a memorable event for all 5 300 participants. To me, the games were a great success: both the weather and atmosphere had been fantastic all the time and people were enjoying themselves and the sense of normality. Naturally, I was enjoying myself too. Plus, the EuroGames had some really precious moments and memorable experiences in store for me.

I never would have thought that I'd be standing on the balcony of Munich's town hall some day, waving to an enthusiastic crowd. But I actually did so on the occasion of the start of Munich's Christopher Street Day (CSD) where the participants greeted us, the board members of the EuroGames, wholeheartedly. There I was, standing in the "holy halls" of this beautiful building

hatte ein enges T-Shirt an und meinte, es müsse jeden Moment platzen, weil mein Herz wie verrückt pochte. Urplötzlich musste ich an meine Mutter denken: Wenn sie mich so sehen könnte! Denn eigentlich war ich stolz, dabei zu sein. Aber meine Mutter hat ein Problem mit meinem Lesbisch-Sein und kann nicht akzeptieren, dass ihre Tochter anders ist. Dennoch: Auf dem Rathausbalkon überwog bei mir dieses wunderbare Gefühl von „Wow, wir sind so viele – und alle Welt kann das sehen!" – das war ein Riesen-Gänsehaut-Feeling. Doch damit nicht genug. Am nächsten Tag waren wir sogar in der Süddeutschen Zeitung zu bewundern: ein irres Gefühl.

Noch so einen Gänsehaut-Moment erlebte ich bei der Eröffnungsfeier in der Olympiahalle, als ein Frauenpaar, ich glaube es waren Holländerinnen, mit ihren zwei Kindern einmarschiert sind. Ich weiß nicht genau warum, aber es hat mich sehr berührt. Apropos Mütter und Kinder: Meiner Mutter hatte ich zwei Eintrittskarten für die Eröffnungsfeier besorgt. Leider weiß ich noch nicht, ob sie da war. Zu wissen, dass sie da war, würde mir viel bedeuten. Es würde mich glücklich machen. Aber wie gesagt: Ich muss es erst noch herausfinden..

with the police also being present – I was deeply moved. I can still remember it clearly: I was wearing a very tight t-shirt and my heart was pounding like crazy that I feared my t-shirt would burst. Then, suddenly, something crossed my mind. I was thinking of my mother: if only she could see me like that! Because at that moment I felt so proud of being part of it all. Yet, I knew that my mother simply could not approve of her daughter's way of loving. Loving women.

However, standing on the balcony, I couldn't help but being swept away by that grand feeling of "Wow, we are so many – standing here, standing strong for the whole world to see!"

Another incident that just totally carried me away occured during the opening ceremony. There was this lesbian couple marching in with their two kids – and when I saw the four entering the stadium I got goose-bumps all over.

Well, talking of mothers and children: I had given my mother two tickets for the opening ceremony. Unfortunately, I still don't know if she's actually been there. Her attendance would mean so much to me. It would make me happy. But as I said: I still have to find out...

Samba in Sydney

Samba in Sydney

j

Name/first and last name

Hilary Johnson

Geburtsjahr/year of birth

1952

Stadt/city

Melbourne

Land/country

Australien/Australia

Disziplin(en)/discipline(s)

Tanz (Latein/Standard)/dancing (Latin/ballroom)

Medaille(n)/Medal(s)

Bronze (Latein)/bronze medal (Latin)

Bei den Gay Games habe ich mit meiner Partnerin Sue Jackson, mit der ich seit 19 Jahren liiert bin, an den Tanzwettbewerben teilgenommen. Wir beide tanzen jetzt schon seit vier Jahren, um einfach etwas Sinnvolles zusammen zu machen und zu erleben. Für uns bedeutet das aber auch, dass wir uns für dieses liebgewonnene Hobby genügend Freizeit „reservieren" und so jede Menge Spaß haben! Da wir weder Kinder noch Tiere haben, sind wir völlig ungebunden und können daher tun und lassen, was wir wollen.

Ich bin überzeugt, dass mein unerschütterlicher Glaube an eine friedvolle Welt, in der das Anderssein geschätzt und respektiert wird, gepaart mit meinem Faible für die Stadt Sydney auch eine Rolle gespielt haben, dass ich unbedingt bei den Gay Games VI dabei sein wollte. Ich liebe Sydney, weil es eine großartige Stadt ist. Auch wollte ich meine Freunde begleiten, die bei den

In the Gay Games dancing competitions, I was dancing with Sue Jackson, my life partner of 19 years. We have been dancing for four years, as a way to have to do something together. It also means that we leave work at a reasonable time and have some fun! Since we don't have kids or animals, there are no ties – and we can do what we want.

I guess it was my belief in a peaceful world where being different is valued and respected, going along with my love for Sydney that brought me to the Gay Games. I simply love Sydney and it's a great city. I wanted to go with the people I knew who were dancing and – last but not least – I also wanted to see and feel myself what the Gay Games was all about.

Spielen im Tanzen teilnahmen – und schließlich und endlich wollte ich selbst einfach auch einmal die Gay Games live miterleben.

Darüber, was ich mir von den Spielen persönlich erhoffte, hatte ich mir im Vorfeld nicht wirklich groß Gedanken gemacht. Aber das, was ich in Sydney erlebte, war einfach großartig. Alle waren so unglaublich freundlich. Und es war eine absolut wunderbare Erfahrung, mich als Lesbe die ganze Zeit einfach nur rundum wohl zu fühlen!

Auch werde ich nie vergessen, wie wir die Bronzemedaille gewonnen haben. Als die Platzierungen ausgerufen wurden und wir nicht auf dem sechsten Platz waren, war ich darüber schon glücklich. Als aber dann die Viertplatzierten ausgerufen wurden, wussten wir, dass uns eine Medaille sicher war. Ich habe mich einfach nur irrsinnig gefreut. An dieses Gefühl kann ich mich noch ganz genau erinnern.

I hadn't really thought about what to expect from the games – but it was fabulous. Everyone in Sydney was so friendly. Just wonderful to feel proud to be a dyke all the time!

Winning the bronze medal I shall never forget. When they called out the places and we weren't sixth, I just thought it was great not to be sixth at last. But when they announced the fourth person, we knew we had a medal. I was just thrilled. I can still remember the feeling.

Nur ein klitzekleiner Punkt in einem Meer aus Farben
The tiny little colored dot called me

k

Name/first and last name
Bettina Keil
Geburtsjahr/year of birth
1966
Stadt/city
Berlin
Land/country
Deutschland/Germany
Disziplin(en)/discipline(s)
Eiskunstlauf/figure skating
Medaille(n)/Medal(s)
Silber (Artistic) und Gold (Show)
silver (artistic) and gold (show)

Nach meiner Gay Games-Premiere 1998 in Amsterdam war ich so beflügelt, dass ich unbedingt wieder in diese Atmosphäre eintauchen wollte. So energiegeladen wie damals, nach den zehn Tagen mit viel Sport und wenig Schlaf, war ich selten gewesen. Allerdings schien der Traum, nach Sydney zu reisen, aus beruflichen und finanziellen Gründen leider in weite Ferne gerückt. Erschwerend kam hinzu, dass sich keiner meiner liebsten Freunde bewegen lassen wollte, sich stundenlang mit mir den Hintern im Flugzeug nach Australien platt zu sitzen. Und mit niemandem die Freude über die hüpfenden Kängurus teilen zu können, fand ich dann doch recht schade. Relativ kurzfristig entschied ich dann doch, es zu tun. Und siehe da: Plötzlich kam ein finanzieller Segen ins Haus und auch meine Freundin entschloss sich, mich doch zu begleiten.

After my Gay Games première in Amsterdam in 1998, I felt so inspired and bursting with energy that I was really longing for this undescribable atmosphere and feeling to come back into my everyday life. Never before those ten days with lots of sports and long nights out had I felt so vibrant and alive. For quite some time it seemed as if travelling to Sydney would remain a dream, not meant to be realized. I simply could not go and pack my suitcase due to financial and job-related reasons. My misery was topped by the sad fact that none of my closest friends seemed to share my dream of joining the games in Sydney – which, I admit, also meant spending ages crammed into a rather

Mein riesiger Wunsch war es, überhaupt einmal auf der anderen Seite der Erde zu sein. Dann mich dort auch noch mit Kufen aufs Eis zu begeben, schien mir einfach phantastisch. Denn nach ungefähr 16 Jahren der Eislauf-Abstinenz hatte ich bei den EuroGames 1996 in Berlin zufällig mitbekommen, dass es bei den Gay Games auch Eislaufen gibt. Das war für mich der Ansporn, wieder die Kufen unterzuschnallen und loszulegen. Es ist ganz eigenartig: Was mich als Kind eher gequält hat, macht mir heute umso mehr Spaß. Und hätte ich das Eislaufen nicht im schwul-lesbischen Kontext wiederentdeckt, wäre es wohl nie zu dieser späten Liebe gekommen. Ich freute mich auch darauf, wieder auf bereits bekannte Gesichter der Eislauf-Community zu treffen. Da die Gay-Eislaufszene mit ihren ungefähr 60 Teilnehmern recht überschaubar ist, trifft man die meisten immer wieder bei einschlägigen Gelegenheiten.

In Sydney neue lesbische Eisläuferinnen kennen zu lernen, erwies sich als relativ schwer – schließlich gingen insgesamt nur neun Teilnehmerinnen an den Start. Als einzige europäische Eisläuferin bei den meisten Wettbewerben wünsche ich mir stets, mal eine andere Dame mit schwarzen Schlittschuhen

uncomfortable seat on the plane to Australia. I simply could not picture myself exploring Sydney on my own, sharing my thoughts and excitement when trying to hug a jumping kangaroo with no one but myself.

Yet, I rather spontaneously decided to go for it and get on the plane to Sydney. And, what can I say, suddenly things changed for the better and my spirits soared. My financial situation improved dramatically and my girlfriend decided to join me on my trip to the red continent. It had always been a dream of mine to travel to the other side of the globe. The combination of both, exploring new territory and going onto the ice again, was simply irresistible. When, while being at the Eurogames 1996 in Berlin, I heard about the Gay Games and that skating was among the disciplines, I had not practiced skating for almost 16 years. Neverless, I there and then decided to take it up again and got into my skates to hit the ice.

It is really strange: as a child I had never been really fond of skating. But now as an adult I simply love it. "Old love never dies", they say and I am very happy about this love at second sight which I found in the gay-lesbian context. I was also looking forward to see

zu treffen, die aus der „näheren" Umgebung" Europas stammt.

Mir scheint, als würden die Damen offensichtlich H_2O eher in flüssigem und nicht in gefrorenem Zustand bevorzugen oder eben die diversen Ballsportarten. Daher meine Einladung an alle Diven & Damen: Auch im fortgeschrittenen Alter kann man das Eislaufen noch lernen und es in wenigen Jahren zur Gay Games-Reife bringen. Hierzu eine Szene, die mich ganz besonders berührt hat: Eine amerikanische Eisläuferin betrat bei den Wettkämpfen das Eis – und dabei trug sie einen riesigen Helm, da sie sich auf den Kufen offensichtlich doch noch nicht so sicher fühlte. Ihr seht, es müssen also wahrlich keine doppelten und dreifachen Sprünge sein, um mitzumachen. Denn die Regeln, nach denen bei den Gay Games gelaufen wird, berücksichtigen auch die Originalität des Outfits, der Musik und der gesamten Progamm-Idee. Nehmt euch also ein Beispiel an den Herren! Die scheinen das Eislaufen zu lieben, sind doch überwiegend Teilnehmer dabei, die erst im fortgeschrittenen Alter auf die Kufe kamen. Also Ladies, rein in die Eislauf-Puschen!

some familiar faces of the ice-skating community in Sydney as the gay skating scene is – with about 60 members – rather a kind of extended family than an anonymous mass of athletes. A family that gets together on various "gay" occasions. To my disappointment I did not get to know new lesbian skaters down in Sydney since there were only nine female athletes participating. It seems to me as if the ladies rather preferred H_2O in a fluid state than frozen or go for the ball games. That is why my message to all divas & ladies is: everybody – yes, yourself included – any adult can learn to skate and reach a certain level enabling you to participate in the Gay Games with only some years' practice. Here is a good example: one day I watched a female American skater competing and she wore a helmet for protection as she did not yet feel safe enough on her skates – this incident almost moved me to tears. You see: it does not take risky loop jumps to give a great performance because the Gay Games' skating rules also focus on the originality of your outfit, music and the general concept of your performance. Go and take a leaf out of this woman's or the men's book! They seem to love skating and most of the participants I met have tak-

Dass ich selbst in Sydney eine Medaille im Eislaufen gewinnen würde, wusste ich – bei nur einer Konkurrentin in meiner Kategorie – schon lange vorher. Insofern war mein sportlicher Ehrgeiz nicht auf das Medaillen-Sammeln gerichtet, sondern hauptsächlich auf das Dabeisein und Spaßhaben. Und natürlich wollte ich wieder viele inspirierende Programme von anderen Läufern miterleben. Auch habe ich in der Eishalle in Sydney einen ganz lieben Freund kennengelernt. Und da er selbst Eistänzer ist, wurde er flugs Choreograph meiner Programme und als Damen-Maßschneider zaubert er mir nun meine Kostüme.

Was mich bei meinen zweiten Gay Games nach Amsterdam wieder sehr beeindruckt hat: die unglaubliche Masse von Teilnehmern – alle in ihren Team-Outfits – bei der Eröffnungszeremonie ins Stadion einmarschieren zu sehen und selbst mittendrin mitzumarschieren. In dieser unbeschreiblichen Menge selbst ein kleiner bunter Punkt im Meer der Farben zu sein, ist eine irre Erfahrung. Ein ganz besonderes Erlebnis war es auch, an meinem Geburtstag einen Wettbewerb zu laufen und von den Zuschauerrängen ein Geburtstags-Ständchen erklingen zu hören, wow!

en up skating at an advanced age. So what are you waiting for, ladies? Just get into the skates and start off with your skating career!

Since it was clear from the beginning that I would get a medal – there was only one female competitor in my league – I was not after collecting medals but rather enjoyed myself skating and taking part in the games. And, naturally, I again wanted to watch many inspiring performances of other participants in Sydney's stadiums. That is how I made friends with an amiable male skater who did not only become the choreographer of my shows but also became the chief designer of my wonderful costumes as he is a professional custom tailor. Like in Amsterdam I was again deeply impressed by those huge masses of people, all in their team outfits, pouring into the stadium at the Opening Ceremony. Moreover, I was part of it myself and being a tiny little colored dot in this vibrant sea of colors was a phantastic, breathtaking experience. And best of all: much to my surprise, when I was skating on my birthday, the crowd serenaded me with a resounding "happy birthday!" – wow!

Die Entscheidung ist nicht immer leicht.
It is no easy decision-making.

Rückblickend muss ich allerdings sagen, dass Sydney mit Amsterdam für mich persönlich nicht ganz mithalten konnte. Das liegt unter anderem auch daran, dass in Sydney die Wettkampforte sehr weit auseinander lagen und es daher auch insgesamt schwierig war, viel von anderen Disziplinen und den Wettkämpfen mitzubekommen. Aber: Meine Teilnahme an den nächsten Gay Games ist bereits in Planung. Und dann wird es für mich eine Premiere geben, denn ich werde das erste Mal im Paarlaufen antreten. Durch die Schwangerschaft meiner nicht-lesbischen Paarlauf-Partnerin konnte ich das leider noch nicht in Sydney realisieren. Der Clou: In Sydney wären wir das einzige Frauenpaar gewesen – und mit einer Hetera zu laufen, passt für mich voll und ganz zum Spirit der Gay Games. Deshalb freue ich mich auf diesen Moment in naher Zukunft ganz besonders.

Yet, looking back on Amsterdam and Sydney, I have to admit that I liked Amsterdam better. Maybe that is also because in Sydney the stadiums and arenas were just too scattered on Syndey's map and therefore one could not really see much of the other disciplines and competitions. Nevertheless, I am already busy planning my next Gay Games. And those games will be very special to me: for the first time I will be pair-skating. I would have loved to pair-skate in Sydney already but as my skating partner had been pregnant, we had to postpone our first performance until the next games. Pair-skating in Sydney would have been great fun because we would have been the only couple competing! I am really looking forward to skating with her soon, because we are a very special kind of couple as she is not gay. In my eyes, this is just perfectly in sync with the true spirit of the Gay Games.

Herzlichen Glückwunsch – zum Pechvogel des Tages!

The medal of the day for most miserable me

k

Name/first and last name
Sebastian Kühnen
Geburtsjahr/year of birth
1964
Stadt/city
München/Munich
Land/country
Deutschland/Germany
Team/team
Bushido München
Disziplin(en)/discipline(s)
Karate & Kampfkünste/karate & martial arts

„Dumm gelaufen“, sagt Rudi tröstend, mein Trainerkollege im Verein, die Silbermedaille noch um den Hals. „Ja, echt dumm gelaufen“, antworte ich. Da trainiert man monatelang, um die Jungs und Mädels im Karate-Verein Bushido München und schließlich auch sich selbst auf die EuroGames vorzubereiten – und dann kam alles anders. Gleich in meinem ersten Wettbewerb in Martial Arts. Gerade eben war ich noch Kampfrichter in Wettbewerben der Unter- und Mittelstufe. Dann wärme ich mich husch, husch, auf, um selbst anzutreten.

Empty Hand Forms heißt die Disziplin. Du stehst da allein auf der Kampffläche. Alle schauen dir zu. Du führst einen Kampf vor. Einen Kampf gegen mehrere imaginäre Gegner. Die Abfolge ist genau festgelegt und überliefert. Seit Jahrhunderten. Der Kampf soll vor den Augen der Zuschauenden lebendig werden: voller Kampfgeist, präziser Technik und betörender Ästhetik.

“What a pity!“, says coach Rudi, my colleague, who still carries his silver medal around his neck, and he pats my shoulder comfortingly. “Yeah, that was really bad, bad luck”, I reply. Here I stand, after months of intensive training, preparing the girls and the guys of our karate team, Bushido Munich, and also myself for the EuroGames. And then suddenly, in the blink of an eye, all my hopes are down the drain. It happened during my first performance in the martial arts competition. Just a couple of minutes ago, I sat at the juror’s table, being one of the referees myself. Now I am just about to become a competitor myself and I quickly start my warming-up.

Empty hands form the discipline is named – you are out there on your own,

Ich stehe in Startposition. Verneige mich vor dem Kampfgericht. Sage die gewählte Form an: Unsu, was soviel heißt wie „Hand in den Wolken". Weil sie mit einer Abwehrtechnik beginnt, die aussieht, als schöbe man mit beiden Händen zugleich die Wolken beiseite, um Klarheit und Freiraum zu gewinnen.

Der Einstieg klappt gut. Ich schiebe weiträumig die Wolken beiseite. Auch die Abwehrsequenz in alle vier Himmelsrichtungen kommt gut in schneller Folge. Dann die Bodensequenz, in der ich unter den Angriffen des Gegners durchtauche. Alles läuft wunderbar. Doch dann passiert es: Bei der Fußtechnik macht es ratsch. Ich erlebe und spüre, so als geschähe es in Zeitlupe, wie ich mich auf der Rückseite des Oberschenkels mächtig zerre, beobachte, wie ich mir innerlich sage: „Jetzt durchhalten. Durch-hal-ten!". Doch ein, zwei Techniken weiter geht dann gar nichts mehr. Ich hebe das Bein zum Schritt und das ganze Bein verkrampft derart, dass ich ins Torkeln gerate. In letzter Sekunde kann ich verhindern, dass ich zu Boden gehe.

Dann ist alles aus. Aus und vorbei. Ich verneige mich zum Kampfgericht, verlasse humpelnd die Kampffläche,

out in the spotlight, with everybody's eyes fixed on you. And you start fighting. Fighting some imaginary opponents, according to a precisely defined, traditional sequence of movements. The aim is to visualize the fight, to make it come alive before the eyes of the spectators. It's a very esthetic fight, full of energy, precision and fighting spirit. I get ready for the starting position, bowing to the referees and announcing the form I've chosen. It is called unsu, which means "hand in the clouds", because it starts with a defense technique that looks as if you were pushing clouds aside with your hands for more clarity and space.

I start my performance and everything goes off all right. I generously push the clouds aside. Then comes the defense sequence going in all directions – good job! The ground sequence follows where I am escaping my imaginary opponents' attacks with dive-like movements. Eyerything just fine – I am doing extremely well so far. Then, it happens: I am doing the foot technique and I feel it in slow-motion: a ripping sound, followed by a sharp pain in the back of my thigh. I have just pulled my muscles. "Keep going, just keep going", I repeat to myself. And I actually do keep going for

kaum in der Lage richtig zu laufen. Game over! Sowohl in Martial Arts als auch im Karatewettbewerb, das ist klar. Ich bin traurig, ziemlich traurig.

Was dann aber passiert, ist einfach nur schön. Michael, mein Freund, kommt und nimmt mich liebevoll in die Arme. Hilft mir, mich hinzusetzen. Bleibt bei mir, ganz nah, dass ich ihn spüre. Ich bin unendlich froh und dankbar, dass er da ist. Hubert, unser Sanitäter, ist auch sofort zur Stelle mit Notfallkoffer und Eis zum Kühlen. Er sorgt sich rührend um mich. Ebenso Dao, eigentlich mein Konkurrent, weil er in derselben Disziplin antritt und als einer der Nächsten dran ist. Er fragt, was geschehen ist und beginnt sogleich, das gezerrte Bein fachmännisch und wohltuend zu massieren. Er ist ganz bei der Sache. So sehr, dass er seinen Aufruf zum Wettbewerb beinahe überhört. Ich muss ihn regelrecht auf die Kampffläche wegschicken, damit er seinen Antritt nicht versäumt. Meike aus unserem Team macht sich flugs auf den Weg, mir ein homöopathisches Mittel zu besorgen – vielleicht gelingt es ja doch noch, mich für den nächsten Tag fit zu machen, damit ich dann wenigstens bei den Karate-Wettbewerben starten kann.

another two techniques. But then, lifting my leg to make another step, the entire leg is getting cramped and I begin to stagger. I gather all my strength to prevent myself from falling to the ground. It's over. Game over. There's nothing more I can do but bow to the referees and leave the arena, limping. I can hardly walk and it gradually dawns on me: no more competitions. No more karate. No more martial arts. Game over. I'm sad, I'm devastated.

However, this is the beginning of a series of wonderful, touching incidents and encounters. My friend Michael comes up to me and gives me a tender, loving hug. Helps me sit down. Stays close to me, so close that I can feel his body's warmth. I'm so happy and grateful to have him standing by me. Then, I see Hubert, our team's paramedic, rushing towards me with his first-aid kit and ice to cool my thigh – he is taking real good care of me. And there is Dao, one of my competitors in martial arts, whose turn is next in the competition. He asks me what happened and immediately starts to give my hurting thigh a very professional, soothing massage. He is totally absorbed in massaging my leg that he doesn't even hear his name being called for his performance in the competition. I literally have to push him away

Nun, es hat nicht sollen sein. Aber es bewegt mich zutiefst, wie viel Anteilnahme mir in meinem Missgeschick zuteil wurde. Unzählige Leute aus Deutschland, aus Frankreich, aus England, aus den Niederlanden und den Vereinigten Staaten fragten nach, wie es mir mit meinem Bein geht. Und als das Wettkampfgericht der IAGLMA (International Association of Gay and Lesbian Martial Artists) mir am Ende des Tages eine Sondermedaille verlieh, kam ich als „Pechvogel des Tages“ zu unverhofften Ehren.

Diese Erlebnisse bei den EuroGames sind für mich sehr bestärkend und erhebend, ebenso wie meine Eindrücke von den Gay Games 1998 in Amsterdam und in Sydney 2002. Ich erinnere mich noch genau, wie umwerfend ich den Einzug in das Amsterdamer Stadion fand. Ich trug damals die Münchner Fahne, und wir zogen in die lückenlos besetzte Arena ein, die vor Freude bebte. Und ich erinnere mich an dieses bewegende Gefühl von „Wir sind viele und wir sind eine große weltweite Gemeinschaft“ bei der Abschlussveranstaltung in Amsterdam. Mir kamen die Tränen, als ich in Sydney bei der Eröffnungsgala in einer großen Performance die Befreiungsgeschichte von uns

for I do not want him to miss his performance. And Meike, one of the women in our team, jumps up, hurrying to the next pharmacy to get me some homeopathic medicine. I might still make it to the following day's karate competition after all, we will see!

But, well, it simply wasn't to be! Yet, I'm deeply moved about the interest people took in my misery and their sympathy for it. There had been so many people from Germany, France, Great Britain, the Netherlands and the U.S. enquiring about me and my injured leg, and – last but certainly not least – there was the board of referees of the IAGLMA (International Association of Gay and Lesbian Martial Artists) awarding me the "mishap of the day"-medal at the end of the day.

All these personal experiences and incidents I find extremely encouraging and uplifting and that is why I have good memories of the EuroGames in Munich as well as of the Gay Games 1998 in Amsterdam and Sydney in 2002. I still remember how great entering the stadium in Amsterdam at the opening ceremony felt: I carried Munich's flag, and we faced an incredibly enthusiastic crowd with everybody applauding and cheering. And I still recall that powerful feeling of "Here we are, and we are many. And we

Schwulen und Lesben eindrücklich vor Augen geführt bekam.

All diese Erfahrungen bestärken mich darin, dass es sich für uns Schwule und Lesben wirklich lohnt, dabei zu sein, bei den EuroGames und den Gay Games. Völlig egal, ob man nun eine Medaille gewinnt oder nicht. Denn gewinnen tun wir alle – alle, die dabei sind. Denn durch das Mitwirken an Sportveranstaltungen dieser Art machen wir unsere schwul-lesbische Gemeinschaft lebendig. Und das hilft uns allen, aufrecht und stolz durchs Leben zu gehen: Das weiß ich selbst aus persönlicher Erfahrung als schwul l(i)ebender Mann, aus meinen Berufen als evangelischer Pfarrer und Tanztherapeut sowie aus meiner sportlichen Tätigkeit als Karate-Trainer.

Bei den nächsten EuroGames in Utrecht gibt es leider weder Martial Arts noch Karate, aber bei den nächsten Gay Games will ich wieder – wenn irgend möglich – dabei sein. Ich freue mich schon sehr auf Chicago. Auch wenn es mich zutiefst schmerzt, dass mit den Outgames eine Konkurrenz zu den Gay Games geschaffen wurde. Denn ich glaube, dass der schwul-lesbischen Gemeinschaft weltweit damit ein Bärendienst erwiesen wurde.

are a huge, strong, international community" at Amsterdam's closing ceremony. I also remember the tears I cried at Sydney's opening ceremony, witnessing the powerful performance recounting the gay and lesbian history of liberation.

It is personal experiences like these that reinforce my conviction that participating in the EuroGames or Gay Games is more than rewarding for us gays and lesbians, no matter if you get a medal or not. Because we are all winners – simply by being part of it. By participating in and by supporting such sporting events we make our community come alive and we make it visible to others – and it helps us living our lives proudly and with dignity. That is the lesson I have learned as a living & loving gay male, as a Protestant pastor and dance therapist for gays, lesbians and friends – which are my professions – and as a karate trainer.

Unfortunately, there will be no martial arts and karate at the EuroGames in Utrecht. Therefore, I am looking forward to participating in the Gay Games in Chicago in 2006, although it hurts me to see the rivalry between the Gay Games and the newly born Outgames. In my opinion, this is a very effective way of doing our gay-lesbian community a disservice on an international scale.

Maskottchen der Münchner EuroGames.
Mascots of the EuroGames Munich.

Gold im Gepäck in Sydney und München!
Going for gold in Sydney and Munich!

k

Name/first and last name
Susanne Kundt & Claudia Thomas
Geburtsjahr/year of birth
1961 & 1962
Stadt/city
Stuttgart (Team „Abseitz")
Land/country
Deutschland/Germany
Disziplin(en)/discipline(s)
Judo (Sydney 2002)
Triathlon (München/Munich 2004)
Medaille(n)/Medal(s)
Gay Games 2002:
Gold (Halbschwergewicht)/Silber (Mittelgewicht)
gold (light heavyweight)/silver (middleweight)
EuroGames 2004:
Triathlon: Gold & Silber/gold & silver

Claudia: Warum es uns, Susanne und mich, so nach Sydney gezogen hat? Mich reizte Sydney, weil die Spiele in Amsterdam in jeder Beziehung ein unvergessliches Erlebnis für mich gewesen sind. Aus sportlicher Sicht ging es mir persönlich in Sydney darum, meinen Titel im Halbschwergewicht zu verteidigen, und mich in den Wettkämpfen mit Gleichgesinnten aus aller Welt im Judo zu messen. So könnt ihr euch bestimmt denken, wie nervös ich war! Es war mein großer Herzenswunsch, auch von diesen Spielen mit einer Goldmedaille im Gepäck nach Deutschland heimzukehren. Deshalb habe ich mich die ganze Zeit sehr auf den sportlichen Wettkampf und die Vorbereitung dafür konzentriert. So sind Susanne und ich zum Beispiel jeden Morgen von unserem Quartier zur berühmten Oper Sydneys gejoggt, um für die Kämpfe fit zu bleiben.

Claudia: The reason for Susanne and me getting on the plane for Sydney? Well, to me, Sydney sounded both promising and intriguing as we had both been to the games in Amsterdam in 1998 which provided a unique experience for me – in many respects. Seen from the athletic angle, Sydney stood for my personal aim: I wanted to defend my judo title, category light heavyweight, and compete against other judoists from all over the world. And since I was on a really challenging athletic mission, you can easily figure out how

Susanne: Nach den Gay Games in Amsterdam 1998, bei denen die ganze Stadt mitgefeiert und gebebt hatte, wollte ich unbedingt nach Sydney, um dieses besondere Feeling auch wieder zu spüren. Außerdem macht es mir total Spaß, gemeinsam mit Schwulen und Lesben um die Wette zu schwitzen und mich sportlich zu messen. Ein weiterer wichtiger Grund war für mich aber auch das Erleben von Sportarten, die man sonst nicht so leicht zu Gesicht bekommt, wie z.B. gleichgeschlechtliches Tanzen, Cheerleading oder Aerobic.

Ich nehme auch deshalb gerne an schwullesbischen Wettkämpfen teil, weil ich mich so selbst am besten fordern und fördern kann. So hatten wir für Sydney schon ein halbes Jahr vorher das Judotraining verstärkt, und ich hatte die letzten Wochen einige Kilos abnehmen müssen, um nicht in derselben Gewichtsklasse wie Claudia zu starten.

Was ich persönlich an den Gay Games in Sydney allerdings nicht so gut fand war, dass die Spiele in der Bevölkerung und in den Medien vor Ort völlig untergegangen und generell extrem kommerziell ausgerichtet waren. In Amsterdam konnten wir kostenlos bei jeder Sportart zuschauen – in Sydney jedoch mussten wir dafür überall viel

nervous I was! Moreover, I simply could not picture myself returning from Australia without a gold medal in my luggage. Consequently, everything Susanne and I did somewhat had to do with preparing ourselves for the competitions, which also meant that we went out for a run every morning, leading us from our accomodation to the famous opera house and back.

Susanne: After we had been to the 1998 Gay Games in Amsterdam, where we witnessed the entire city celebrating and hopping, I was eager to go to Sydney to get that special feeling again. I was also looking forward to catching a glimpse of some disciplines you usually don't come across that often, such as same-sex ballroom dancing, cheerleading or aerobics. Plus, I like competing and sweating with other gays and lesbians – it's a great source of motivation to me and it makes me drive myself to extremes. And speaking of extremes: already six months prior to the games, Claudia and I had been intensifying our judo training – and I had to reach a new weight limit which meant losing some kilos in order not to be competing in the same weight category as Claudia.

Geld hinlegen. Die Eintrittsgelder zu den Veranstaltungen waren schlichtweg überteuert. Außerdem hatten wir heftigen "Organisations-Stress": Wir mussten immer recht lange Wege zurücklegen, um zu den Wettkampf-Arenen zu gelangen. Daher konnten wir kaum andere Sportarten live miterleben. So konnte dieses spezielle schwullesbische Feeling, das wir uns erhofft hatten, irgendwie gar nicht so recht aufkommen.

Claudia: Ja, das empfand ich auch so, und zudem fand ich die Veranstaltungen – zum Beispiel die Eröffnungsfeier – viel zu pompös. Meine Meinung: lieber etwas weniger kommerziell – aber dafür bezahlbare Eintrittskarten. Aber es gab auch jede Menge Ereignisse und Erlebnisse, die uns beiden richtig gut gefallen haben. Daher hier nun eine kleine Sammlung „Susannes & Claudias Best of Sydney“: Der Tanzwettbewerb in Sydneys „Town Hall“(Rathaus). Feines Leichtbier vom Fass. Unsere Goldmedaillen. Das Joggen um die Oper – in Begleitung von Kakadus im Park. Schwimmen im Meeresfreibad. „Unser“ Backpacker-Haus, das wir mit unserem Verein „Abseitz“ in Beschlag genommen hatten. Die Tatsache dass wir, die Leute von „Abseitz“ Stuttgart, uns

But there is a drop of bitterness in my memories: I could not help feeling that neither the people living in Sydney nor the media did take an interest in the Gay Games. But, ironically, the people sensing profit did – by charging astronomical entrance fees for almost all events. Whereas in Amsterdam we had been able to watch all competitions for free.

And we also suffered from "organizational stress" caused by the long distances between the sporting sites – which implied long-distance runs, walks, travels, rides etc. to get from one arena to the other for the competitions. This cost us a lot of precious time and made us miss some really interesting competitions. Hence, all in all, this very special gay-lesbian feeling just didn't come easy to us in Sydney, which was a real shame as we had been looking forward to this special experience for so long.

Claudia: Yeah, that's true, I totally agree with Susanne, and I also was a little disappointed by some of the events which I simply found way too pompous – take the opening ceremony for example. I'd rather have it less glamourous and commercial but much more affordable with reasonably priced tickets. But

in Sydney richtig kennen- und schätzen gelernt haben. Das Essen – die Vielfalt der asiatischen Küche. Und, last but not least, der Halbmarathon auf dem Olympiagelände, an dem wir auch teilgenommen haben – und der für uns um 4:30 Uhr mit der Taxi-Fahrt zum Gelände begonnen hatte, obwohl der Start des Marathons selbst „erst“ um 7 Uhr war...

Susanne: Ja, und zwei Jahre älter und vier Kilo leichter ging es dann 2004 zu den EuroGames nach München. Dass wir dort dabei sein würden, war für uns eine Selbstverständlichkeit. Und dass die Münchner so eine tolle Veranstaltung mit so vielen Sportarten hingekriegt haben, ist wirklich ein großes Lob wert. Uns hat es von der Atmosphäre her besser gefallen als in Sydney!

In München haben sie es wieder hingekriegt, dass wir uns als große Familie fühlen konnten – und wir zwei waren sogar beim Gottesdienst. Sehr gelungen war auch der Abschieds-Pick-nick-Brunch am Olympiasee. Aus sportlicher Sicht können wir uns auch nicht beklagen, denn nachdem in München kein Judo angeboten war, haben wir eben auf Triathlon trainiert - und dabei einige Kilos verloren und schließlich mit Claudias Goldmedaille im Tri-

naturally, we also had our share of fun down there in Sydney. Here's a collection of our personal highlights "Susanne's & Claudia's Best of Sydney": Ballroom dancing in Sydney's Town Hall. Real tasty draft beer. Our gold and silver medals. Our daily running routine around Sydney's Opera House – being accompanied by cockatoos in the park. Swimming in the ocean. "Our" backpacker's house which we had seized with our team "Abseitz" – and the sense of really becoming a team, getting to know each other "down under", so far, far away from home. Food – dining and enjoying the many faces of Asian cuisine. And, last but not least, the half marathon in which we also participated. And which began with an "early bird" taxi ride at 4:30 a.m. taking us from our hostel to the Olympic site where the marathon was to begin "as late as" 7 a.m.

Susanne: And then, two years later and some kilos lost, we were ready to do it again: we went to the EuroGames 2004 in Munich as we simply couldn't help but go there, feeling both the social and athletic drive to be part of "it" again. To us, it was a great pleasure to be part of such a wonderful experience and grand event presenting so many different dis-

athlon und meiner Silbermedaille unsere sportlichen Häupter gekrönt. Für die nächsten Spiele gibt es allerdings ein kleines Problem: Wir haben noch keine Ahnung, in welcher Sportart wir in Utrecht starten werden – es gibt weder Judo noch Triathlon...

ciplines all under the same gay-lesbian roof. To me, the EuroGames 2004 deserve the highest praise for Claudia and I liked Munich's atmosphere even better than Sydney's.

In Munich the organizers have definitely succeeded in bringing us all together, creating this undescribable "we are family"-feeling, which even made us – by the way – attend church service. A further highlight was the farewell-brunch at the Olympiasee. And even from the athletic perspective Munich was a great success for both of us. As Munich didn't offer judo as a discipline, we had gotten ourselves well prepared for triathlon – and had lost some kilos on the way to our double-triathlon-triumph in Munich where Claudia won gold and I won silver. But right now we're facing a serious problem. The coming games in Utrecht offer neither judo nor triathlon – and we're still making up our minds about which discipline we shall go for...

Zum ersten Mal in der Geschichte der Games: Rollstuhl-Tanz.
The first time in Games history: wheelchair-dancing.

3 - 2 - 1 und die Liebe ist meins!

Countdown to L-O-V-E

1

Name/first and last name

Ulrike Lösch

Geburtsjahr/year of birth

1973

Stadt/city

Weil im Schönbuch

Land/country

Deutschland/Germany

Vorfreude, Begeisterung, Euphorie. In den Blicken ein Anflug von Ekstase. So begegnen mir jene Menschen, die das Privileg besitzen, zu den EuroGames nach München zu fahren. Eigentlich hatte ich mit diesem Homo-Großevent ziemlich abgeschlossen. Kein Geld, keine Zeit, und eine Wochenendbeziehung, die auch noch den letzten Rest an Geld und Zeit auffrisst.

Und überhaupt: Was sollte ich in München? Beim Marathon treten meine Lungen in Streik, Diskuswerfen überlasse ich denen, die dabei keine Gefährdung der Allgemeinheit darstellen, und für Cheerleading habe ich nach eingehender Selbstreflexion auch keine besonders ausgeprägte Begabung. Und nur dabei sein wollte ich dann auch nicht.

Mit stetig wachsender Distanziertheit beobachtete ich die zunehmenden Kraftanstrengungen der Frauen aus meiner Freizeit-Fußballmannschaft:

Anticipation, excitement, euphoria – eyes sparkling with joy and a touch of ecstasy. That's what characterizes the people I meet who are about to be part of the EuroGames 2004 in Munich. As for me, I had – originally – already kind of concluded with this homo-event, as I felt I didn't have the money, nor the time for it and as my weekend relationship was, in addition, both extremely time-consuming and expensive.

And besides: what was I supposed to be doing in Munich anyway? First, I'm not a marathon-woman since my lungs prefer going on strike whenever I hit the road with my running shoes.

Second, I'm also not really into discus throwing: I rather leave it up to other people – people who are actually in command of these vicious flying objects – to throw them without harming anyone standing near. And, third – on self-reflection and after exhaustive analysis – I finally came to the conclu-

Konditionstraining, Taktikbesprechungen, Feilen am Outfit, noch schnell ein Termin beim Frisör. Und ich dachte so bei mir: Mich geht das ja alles nichts an, sollen sie sich doch quälen!

Wer hätte zu diesem Zeitpunkt gedacht, dass ich bald diejenige sein würde, die sich wirklich quält – und das ganz ohne Krafttraining, Konditionstraining und Outfitsuche. Ja, diese EuroGames 2004 werde ich wohl so schnell nicht vergessen! Noch kurz vor Beginn der Spiele war ich fest überzeugt, mich richtig entschieden zu haben, nicht mitzufahren. Also nicht bei 30 Grad im Schatten dem runden Leder hinterher zu rennen.

Naja, sicher könnte ich auch heute noch Berichte über die „Faszination EuroGames“ mit einer lässigen Handbewegung und einem milden Lächeln quittieren – wäre mein Gefühlszustand nicht kurz vor Beginn der Spiele komplett durcheinander geraten. Chaos im Kopf, Herzklopfen, Magendrücken, Verlust jeglichen Realitätsbezugs, Dauergrinsen im Gesicht. Diagnose: verliebt! Was war passiert? Ich hatte mir endlich, endlich ein Herz gefasst, habe alle Mädels nach dem Fußballtraining heimgeschickt, und SIE endlich gefragt, ob SIE noch etwas mit mir trinken

sion that I wasn't made for cheerleading either. Plus, I didn't want to go to Munich just because. Reason enough for me to – more or less convincingly – explain to my friends at home that the only reasonable thing for me to do was to stay at home.

And as I was observing the growing efforts of the girls in my soccer team, such as fitness training, meetings on tactics, outfit contests and very important new haircuts, my consternation and alienation was growing as well. And I was thinking to myself: I'm so glad I don't have to put up with all that hassle and stress!

Who would have thought that I'd soon be the one in real trouble and stress! Yes, here's my confession: I'll never forget the EuroGames 2004! And it wasn't until the beginning of the games that I realized I had been totally wrong – for I had been congratulating myself on the decision not to run after the ball in 30 °C way too early.

Well, I guess I'd still react to my friends' stories about Munich with a sense of detachment and a rather lenient smile, hadn't my heart and soul tricked me right before the beginning of the games. Because there and then I had gotten into real emotional trouble: my head spinning, my heart racing and my

geht. Habe endlich meinen Gefühlszustand nach außen gekehrt – verbal völlig zusammenhangslos und grammatikalisch völlig daneben. Und jetzt, was antwortet diese Frau? SIE fährt nach München zu den EuroGames. Moment, nein, das kann nicht sein! Nicht jetzt, nicht nachdem ich ihr gerade in epischer Breite die Vorzüge meines Zuhausebleibens dargelegt habe. Nicht nur, dass SIE nun denken musste, dass ich die Größe, die Einmaligkeit und die Bedeutung dieses Events total verkenne. Nein, schlimmer noch: SIE würde am nächsten Tag losfahren. Moment, jetzt geraten meine zarte Seele und mein Gefühlsleben wirklich in Stress. SIE ist es, die mich fasziniert und begeistert – nicht diese Zusammenkunft vieler schwitzender, jubelnder, sporttreibender Menschen dort in München.

Wenn ich mir es so recht überlege, EuroGames... Klingt doch eigentlich gar nicht so schlecht – welch ein klangvoller Name! Mit netten Frauen Fußball spielen unter strahlender Sonne, schwitzen. Die begeisterten Jubelgesänge von den Tribünen. Der triumphale Einzug in die Olympiahalle. Eigentlich der Traum eines jeden einigermaßen sportbegeisterten Menschen. Also, wenn ich es mir so überlege, sind ei-

knees shaking. I had lost all sense of reality and couldn't help grinning all day long – diagnosis: madly in love! Guess what had happened? One day, I had finally taken my courage in both hands: after our soccer training, I sent home all the other girls, except for HER, and told HER that I'd like to ask her out. Then, I revealed my feelings to HER, stammering, stuttering, rambling and ignoring syntax as well as grammar. And, now, guess what this superwoman answered? She told me that SHE'd be taking part in the EuroGames in Munich. Stop, wait a minute – where's the rewind button? This couldn't possibly be true! Not now, after I had elaborated on the ingenuity of my staying at home. Not only that SHE must have thought I was incredibly stupid and ignorant – a complete idiot, unable to realize what a grand and wonderful event the EuroGames are. Plus – and that was worst – she'd be leaving for Munich the next day. I was utterly devastated, my poor heart bleeding. Damn, it was HER who made my heart beat faster, who took my breath away – I wasn't crazy about this get-together of sweating, cheering sportsmen called the EuroGames. Well, but taking a closer look at those EuroGames. . .hm – doesn't sound too bad, though. Sounds pretty good, if you ask

gentlich alle in meinem Umfeld, die nicht bei den EuroGames dabei sind, Banausen. Jawohl! Ich habe es ja schon immer gesagt! Also: Auf nach München – mit dieser wunderbaren Frau!

Die totale Ernüchterung lässt nicht lange auf sich warten. Die Anmeldefrist ist längst verstrichen, in meiner Fußballmannschaft brauchen sie auch keine Spielerin mehr, und an eine Unterkunft vor Ort ist nicht mal zu denken. Ja, und so fährt SIE dahin. Und ich, frisch gebackener größter EuroGames-Fan aller Zeiten, muss daheim bleiben. Da sitze ich nun: Meine Gedanken und meine Gefühle verbrüdern sich zu einem Gemisch aus Sehnsucht, Ärger, Frustration. Und malen sich die schlimmsten Szenen aus: mögliche Begegnungen von IHR mit tollen sportlichen Frauen, die beim Joggen niemals auch nur ansatzweise ins Japsen kommen würden. Tolle Frauen, die niemals am Tor vorbei schießen. Auch das Rahmenprogramm der EuroGames im Internet verheißt nichts Erfreuliches: eine Party nach der anderen! Was bedeutet: viele hübsche Frauen, tolle Stimmung, wilde Musik. Das Leben tobt in München – und ich innerlich.

Wie konnte ich dieses Sporthighlight nur derart verkennen? Komisch,

me! What's so bad about playing soccer with cute women and sweating under the glaring sun in Munich? Just imagine the fun and celebrating. Imagine entering the huge Olympic stadium with all the people cheering and applauding. That's something everybody who's into sports must be dreaming of. Well, come to think about it, all sportsmen not participating in the EuroGames are – pardon the explicitness – philistines. Yes, that's what they are and that's what I've always said! O.k., let's go to Munich – with this wonderful woman!

But very soon euphoria and excitement turn into disillusionment and despair: I couldn't meet the deadline for registration, the female soccer team was already organized, and finding a place to stay in Munich felt like looking for a needle in a haystack. And there SHE goes – heading for the EuroGames in Munich. And here I am, the world's greatest, newly self-appointed EuroGames-fan, sitting at home all by myself.

My thoughts and emotions mix and mingle, leaving me with a sense of longing, anger and despair. And I simply can't help imagining what SHE might be doing and experiencing far, far away in Munich: I picture to myself how SHE

Die Games vereinen Menschen und Kulturen.
The Games bring people and cultures together.

meine Phantasie ist blühender als je zuvor! So, jetzt ist es passiert: ich leide. Und das nicht zu knapp. Wie gut tut doch da eine ganz große Packung Selbstmitleid und Selbstzweifel. Wie hilfreich ist es da doch, das besorgniserregend abwechslungsreiche EuroGames-Programm auswendig zu lernen, um mich dann immer sofort an das damit verbundene Gefahrenpotenzial zu erinnern. Ein Hoch auf das Selbstmitleid!

0:14 Uhr, Donnerstagabend: „Grüße aus Rainbow-Village!" Eine SMS! Eine SMS von IHR! Sie denkt an mich – sie schreibt mir! Freudentanz und Jubelgesänge auf meinem Bett, hinter meinem Bett, vor meinem Bett, durch meinen Flur. Für die nächsten Tage wird mein Handy mein bester Freund und ständiger Begleiter. Meine Hosen sind heute noch an den Taschen ausgebeult, und die Tastatur des Handys ist bereits völlig abgegriffen. Unsere Telefonanbieter machen mit uns Frischverliebten in jenen Tagen mit Sicherheit das Geschäft ihres Lebens. Die kleinen Nachrichten gehen ständig hin und her, legen die 400 Kilometer mit einer beeindrukkenden Geschwindigkeit zurück. Ach, was hätte ich dafür gegeben, so ein kleiner Buchstabe zu sein, um schnell mal

meets beautiful, sporty women – women who'd never be, unlike me, gasping for breath during training. Fascinating women who'd never ever miss the goal. To make my misery even worse, I start surfing the internet and checking out the EuroGames' supporting program – and what I see is not welcome news by any means: 1001 parties, fun, gorgeous women, good vibrations, wild music, thrill and exitement. 100% misery for me – 100% pure pleasure for HER.

Stupid me! How could I've possibly been so terribly wrong about this terrific sports event? And never before have I had such a wild and vivid imagination! Isn't that ironic? There we go: now, I'm suffering. My heart is hurting, wounded. Thank God I've enough self-pity and self-doubt in store – it's so soothing! And such a great idea to learn every detail of the EuroGames' supporting program by heart – it really helps me a lot! Cheers for self-pity!

0:14 a.m., Thursday: "Greetings from Rainbow-Village!", the text message reads. A text message from HER! Hey, then she must be thinking of me after all! I go into raptures, dancing with wild abandon: in front of my bed, behind my bed, on my bed and in the hallway. For the next couple of days my cell

so in München vorbeischauen zu können! Vier Tage können einfach unsäglich lange sein – gefühlte Zeit: mindestens 40 Tage! Die erste Handlung am Morgen: der routinierte Griff zum Handy, der zweite Griff zum Kalender. Wieder kann ich einen Tag durchstreichen: Welch eine Wohltat! 4, 3, 2, 1 - überstanden! Sonntagabend, 22:50 Uhr, die erlösende SMS weckt mich: „Bin zu Hause, kann ich noch anrufen? Oder habe ich dich geweckt?" Natürlich kann SIE anrufen, natürlich hat SIE mich nicht geweckt! Nein, ich bin überhaupt nicht müde – war nie munterer! 0:45 Uhr: Wir haben es endlich geschafft, uns zu verabschieden. Nach diesem zweistündigen Marathontelefonat weiß ich nicht wohin mit all den Glükkshormonen. Sie hat gesagt, dass sie mich vermisst hat – unglaublich! Aber sie hat es wirklich gesagt!

Eigentlich wollte ich ganz cool bleiben und lässig bemerken, dass ich auch hin und wieder an die EuroGames und in diesem Zusammenhang dann auch kurzzeitig mal an SIE gedacht habe. Aber dann habe ich auf alle Coolness dieser Welt gepfiffen und es sprudelte nur so aus mir heraus: „Ich habe dich vermisst, bin fast wahnsinnig geworden vor Sehnsucht, bin von einem Tag-

phone and I are like Siamese twins: the pockets of my pants go baggy and the buttons of my mobile look more and more worn. What a profitable deal for our telephone providers – they must be giving each other high-five! I even somewhat envied those thousand little letters we were typing: if I had been one of them, I simply could have speed-dashed to Munich to see how she was doing! Those four days without HER felt like 40 days – at least. The first thing I wanted to look at in the morning, guess what? My mobile's display, naturally! And the day's second sight for my sore eyes? My calendar, what else! I took the greatest pleasure in crossing out the days – 4, 3, 2, 1 and the love countdown was over!

22:50 p.m., Sunday: the most relieving and thrilling text message reads: "I'm at home now – can I give you a call?". Naturally, I wrote her, she could. And, naturally, I had been wide awake, waiting for a message from her. Gosh, I'm not tired at all – never before have I felt so alive, mesmerized and utterly thrilled!

0:45 a.m., Monday: after speaking to her on the phone for two hours, I'm floating in bliss! She told me that she'd missed me – amazing, huh? Originally, I

traum in den nächsten gehüpft, habe mit Sicherheit kein einziges sinnvolles Wort über meine Lippen gebracht, habe mit der Stehlampe getanzt, habe mein Handy geküsst und mein Kopfkissen umarmt und das alles, weil ich dich liebe!“

Die EuroGames 2004 haben ihre Spuren hinterlassen: Medaillen für die Sieger, Krücken und Gipsbeine für die Verletzten, bunte Erinnerungen auf Zelluloid gebannt. Und ich höre gerne zu, wenn meine Fußballmädels ins Schwärmen kommen. Es war sicher schön, dort in München, und doch beneide ich sie nicht mehr, bereue es nicht mehr, nicht dabei gewesen zu sein. Denn jetzt weiß ich wie es ist, Sehnsucht zu haben, Stunden und Minuten zu zählen und auf die erlösende SMS zu warten.

Sie und ich gehen nun zusammen an den Start – aber weder in München 2004 noch 2005 in Utrecht – sondern im Leben!

had planned to stay calm and collected and to – quite nonchalantly – remark that, yes, indeed, I had thought of the EuroGames occasionally, which – then – reminded me of her, sometimes. But the very second I heard her voice, I cracked, and the following came bubbling out of my mouth: “Gosh, I missed you so much – it almost drove me crazy, I kept thinking about you and us. I couldn’t speak, wouldn’t eat but danced with my floor lamp, figuring it was you. I covered my mobile with passionate kisses, figuring it was you. And I kept hugging and squeezing my pillow, figuring it was you – because I love you!”

No doubt about it: the 2004 EuroGames have left their traces – medals for the winners, crutches and plastered legs for the injured, colorful souvenirs on celluloid.

And I love listening to my soccer girls as they go into raptures over the EuroGames – but I no longer envy them. For now I know what it means to go crazy with longing, what it means to count the hours and minutes, and what it means to be waiting for the most precious text message ever written.

And now my love and I are at the start of something truly wonderful – our future life as a couple.

Das Private ist politisch
The private is political

1

Name/first and last name
Ulrike Lunacek
Geburtsjahr/year of birth
1957
Stadt/city
Wien/Vienna
Land/country
Österreich/Austria
Team/team
Kraulquappen; Aufschlag Wien
Disziplin(en)/discipline(s)
Schwimmen/swimming
Medaille(n)/Medal(s)
2 Goldmedaillen/2 goldmedals
3 Silbermedaillen/3 silvermedals
3 x Bronzemedaillen/3 bronzemedals

Immer wieder werde ich gefragt, ob denn Lesben und Schwule anders Sport betreiben und deswegen eigene Wettbewerbe brauchen. Nein, sage ich dann, anders Schwimmen, Laufen, Volleyball- oder Fussball spielen tun wir nicht, aber wir genießen das Gefühl, dass wir bei diesen „Spielen" einmal in der Mehrheit sind. Wir, die wir sonst als Minderheit betrachtet oder gar als „Randgruppe" schräg beäugt werden, stehen einfach im Zentrum, sind sichtbar und haben Spaß an dieser Sichtbarkeit und am gemeinsamen Sporteln.

Das ist es, warum ich gerne an den EuroGames teilnehme – zu den Gay Games in Sydney 2002 schaffte ich es auf Grund vorgezogener Neuwahlen in Österreich leider nicht (ich bin Nationalratsabgeordnete). Seit Zürich im Jahr 2000 bin ich also, nach rund 30(!) Jahren Trainingspause, dabei.

Schwimmen habe ich schon im Kleinkindalter gelernt: Zwei Hüftope-

Because we have competitions of our own, I am asked over and over again whether lesbians and gays play sports differently. No, I say, we don't swim or run or play volleyball or soccer differently, but at Gay Games and Eurogames we enjoy being the majority for once! Usually we are seen as a minority, even as a "marginalized" group – at LGBT sports events we are at the center, we are visible and we take pleasure and satisfaction in this visibility.

That's what I enjoy at Eurogames – unfortunately I didn't make it to the Gay Games in Sydney because of na-

rationen führten dazu, dass meine Eltern mir schon früh die schwerelose Bewegung im Wasser schmackhaft machten und mich mit neun in einen Schwimmverein steckten.

Mit den Wiener „Kraulquappen“ werde ich 2006 an den Outgames in Montréal teilnehmen. Das Rahmenprogramm dort ist vielversprechend: Das lesbisch-schwule Sportereignis als Teil politischen Engagements für Vielfalt und Menschenrechte. Wenn dann auch die Hälfte der TeilnehmerInnen Frauen sein werden, wird mich das besonders freuen – frei nach dem Motto der Feministinnen: Das Private ist politisch....

tional elections in Austria. Since the Zurich Eurogames in 2000, I have been part of the Vienna "Kraulquappen" – after a nearly 30 year (!!) break in training.

I learned swimming at a very early age due to hip surgery. My parents were able to encourage me to love the buoyant movements in the water, and sent me to a swim club at age nine.

Together with the "Kraulquappen," I intend to participate at the Outgames in Montréal. What I like about the Montréal program is that it focuses not only on sports but also on commitment to diversity and human rights. And I do hope that half of the participants will be women – after all, as the feminist motto says: "The private is political"....

Pirouetten gegen den Schmerz

Pirouettes against the pain

m

Name/first and last name
Johnny Manzon-Santos
Geburtsjahr/year of birth
1965
Stadt/city
San Francisco
Land/country
USA
Disziplin(en)/discipline(s)
Eiskunstlauf/figure skating
Medaille(n)/Medal(s)
2 Goldmedaillen/2 gold medals

Zum Einstieg erst einmal etwas über mich, meinen Beruf und mein Leben: Als Geschäftsführer des Asian & Pacific Islander Wellness Center, einer Nicht-Regierungs-Organisation, beschäftige ich mich beruflich mit Fragen zu Gesundheit und HIV im Raum Asien sowie in der Region der pazifischen Inseln (www.apiwellness.org).

Für mein Leben und für den Umgang mit anderen Menschen habe ich gewisse Grundwerte definiert. Dazu gehört, dass ich mich gegenüber anderen fair und gerecht verhalte, meiner Persönlichkeit durch eigene Meinung und Emotionen Ausdruck verleihe, aber auch das Bewusstsein, dass ich mit meinem Handeln andere Menschen beeinflusse. Aber auch das, was ich von AIDS gelernt habe, prägt mein Denken und Handeln: lernen, mit Tod und Verlust zu leben und sich nicht davor zu fürchten. So habe ich eine Liste erstellt. Eine Liste mit den Menschen aus mei-

First of all something about me, my job and my life in general: I am executive director of the Asian & Pacific Islander Wellness Center, a non-governmental organization focusing on sexual health and HIV in Asian and Pacific Islander communities (www.apiwellness.org) in the USA. There is a certain set of values that determines the way I behave in everyday life and how I interact with other people. The main ones are: justice, self-expression and interconnectedness. But also lessons that I have learned from AIDS motivate me: learning to live with death and loss, and not to be scared of it. Thus, I keep a list of people with AIDS in my life who have died – now at 94. Being a gay man of color and still HIV-negative in 2004 seems in-

nem Lebensumfeld, die an AIDS gestorben sind. Bis jetzt sind es 94. Auch das ist eine Art Motivation. Als farbiger Schwuler im Jahre 2004 immer noch HIV-negativ zu sein, erscheint mir nahezu unglaublich und motiviert mich.

Wie es mich zu den Gay Games 2002 nach Sydney verschlagen hat? Nun, das war so: Schon von Kindesbeinen an habe ich mir immer gerne Eiskunstlaufen im Fernsehen angeschaut. Auch mit meinem Freund Bert, mit dem ich acht Jahre zusammen war, habe ich keine Eislauf-Show im Fernsehen verpasst. Als im März 2000 Berts HIV unaufhaltsam, mit dramatischen Werten, ausbrach, schrieb ich mich für einen Eiskunstlauf-Kurs für Anfänger ein. Bert starb im Januar 2001. Im Herbst darauf hörte ich zum ersten Mal von den Gay Games VI. Sie wurden für mich zu einem festen Ziel, auf das ich konsequent hinarbeitete. Gleichzeitig war das für mich aber auch eine Art Trauerarbeit und ein Weg, mit Berts Tod fertig zu werden. Erst rückblickend wird mir richtig klar, dass das Training für die Gay Games in Sydney die bewussteste, zielgerichtetste Sache war, die ich bisher in meinem Leben in Angriff genommen habe. Und mit dieser Kombination aus Intention und Inten-

credible to me too. This is a motivator.

How I made my way to the Gay Games in Sydney 2002? Well, I'd always watched figure skating on TV growing up and together with Bert, my former partner of eight years, we never missed it. In March 2000, Bert's HIV became frightfully symptomatic, I signed up for from-the-very-beginning adult classes in figure skating, just before Bert died in January 2001. In the fall I heard about the Gay Games VI. The games became a goal to work towards. Ultimately, it became a way to mourn and be with Bert's passing.

In retrospect, I realize that training for the Gay Games in Sydney was the most "intentional" thing I've done in my life to date. The quality of intention to participate in the games is the kind of intention and presence that I want to bring to how I approach decisions in my life going forward.

The Gay Games in Sydney: not only my first visit to Australia and my very first attendance at the Gay Games. But also – get this – my first competition outside the local ice rink in San Francisco. My really ambitious goal: just getting through my program. All I had to do was my personal best. However, I did expect that everyone else's best

sität möchte ich auch an künftige Entscheidungen in meinem Leben herangehen.

So, aber jetzt zu den Gay Games in Sydney selbst. Das war nicht nur meine erste Reise nach Australien, sondern auch meine erste Teilnahme an den Gay Games überhaupt. Und, jetzt wird es noch besser, mein erster Wettkampf außerhalb meines kleinen Eis-Stadions zu Hause in San Francisco. Mein erklärtes Ziel war, irgendwie mein Programm durchzuziehen, egal wie. Mein Bestes zu geben. Jedoch ging ich fest davon aus, dass alle anderen wesentlich besser abschneiden würden als ich.

Daher waren meine beiden Goldmedaillen für mich eine absolute Überraschung. Ganz ehrlich: So wertvoll die Medaillen für mich persönlich auch waren – sie machen nur ungefähr fünf Prozent meiner dort gesammelten Eindrücke und Erfahrungen aus. Ich erinnere mich noch genau daran, wie wir auf dem Weg zur Eröffnungszeremonie ins Stadion waren. Auf einmal nahm ich diese abertausend Menschen aus aller Herren Länder um mich herum wahr. Mir wurde schlagartig bewusst, in wie vielen Städten der Welt solche Spiele schlichtweg undenkbar wären. Und ich war unglaublich glücklich.

would be better than mine! Hence, my two gold medals were a complete surprise. Honestly, as special as the medals were, they made about five percent of my experience. There is one moment, I'll certainly never forget. It was on my way to the stadium for the opening ceremony when I suddenly became aware of those thousands of people from around the world. I realized how many cities in the world would not allow this event to happen. And I felt very very fortunate.

And three other snapshots I will always remember. First, India and Pakistan marching in together. Second, the Iraqi contingent was represented by one lone athlete. And third, the powerfully proud contingent representing the Indigenous Australian athletes.

But there was also a special moment, precious for me as athlete, perfoming in the games. When one of the women athletes in the Figure Skating competition started performing, I suddenly could not help sobbing – realizing that what I had worked towards for such a long time was now in motion. All the athletes, each one all by him- or herself, yet together: we were each doing our personal best to pursue a dream.

Es gibt aber noch drei solcher Momentaufnahmen, die ich nie vergessen werde. Das erste Bild: Indien und Pakistan laufen gemeinsam ins Stadion ein. Das zweite: Der Sportlerkader aus dem Irak – ein einziger tapferer Sportler, allein auf weiter Flur. Und das dritte Bild in meinem Kopf: Die so unglaublich stolze Teilnehmergruppe australischer Ureinwohner.

Auch für mich als Sportler gab es so einen Schlüsselmoment. Es war, als eine der Eiskunstlauf-Teilnehmerinnen mit ihrer Kür begann. Von einem Moment auf den anderen brach es aus mir heraus und ich musste hemmungslos schluchzen: Mir wurde schlagartig bewusst, dass das, worauf ich so lange hingearbeitet hatte, nun in vollem Gang war. Zusammen, und doch jeder für sich – jeder sein Bestes gebend, um einen persönlichen Traum wahr werden zu lassen.

Und, nicht zu vergessen, mein persönlichster, intimster und bewegendster Augenblick: Da mein verstorbener Partner Bert das Meer liebte, hatte ich seine sterblichen Überreste mit nach Australien genommen. Am Tag vor meiner Abreise ging ich mit meiner Cousine Sheila zur Bondi Beach. Wir folgten dort einem schmalen Pfad ent-

And not to forget my most precious private moment. Since Bert, my late partner, loved water, I had decided to bring Bert's remaining ashes to Australia. The day before leaving Australia, I went to Bondi Beach with my cousin Sheila and took a cliffside path south. Looking down on a beautiful configuration of mossy rocks, we scattered his ashes.

As for my athletic career, I definitely plan on attending the seventh Gay Games. But I might compete in another sport. When I returned from Sydney, I confronted my not knowing how to swim and enrolled in a class at the local YMCA. With newfound confidence, I think I may learn to swim competitively – and I have just under two years to learn how to do so…

lang der Klippen. Mit Blick auf eine wunderschöne Formation bemooster Felsen übergaben wir seine Asche dem Wasser.

Wie meine sportliche Zukunft aussieht? Für die siebten Gay Games habe ich mir fest vorgenommen, wieder mit von der Partie zu sein. Aber vielleicht in einer anderen Disziplin. Denn frisch aus Sydney zurück gekommen, habe ich mich meinem Nichtschwimmer-Dasein gestellt und mich für einen Schwimmkurs im YMCA eingetragen. Durch mein neu gewonnenes Selbstbewusstsein glaube ich, dass ich das Schwimmen lernen und mich damit auch auf Wettkampfniveau bringen könnte. Und dafür habe ich ja noch knapp zwei Jahre Zeit...

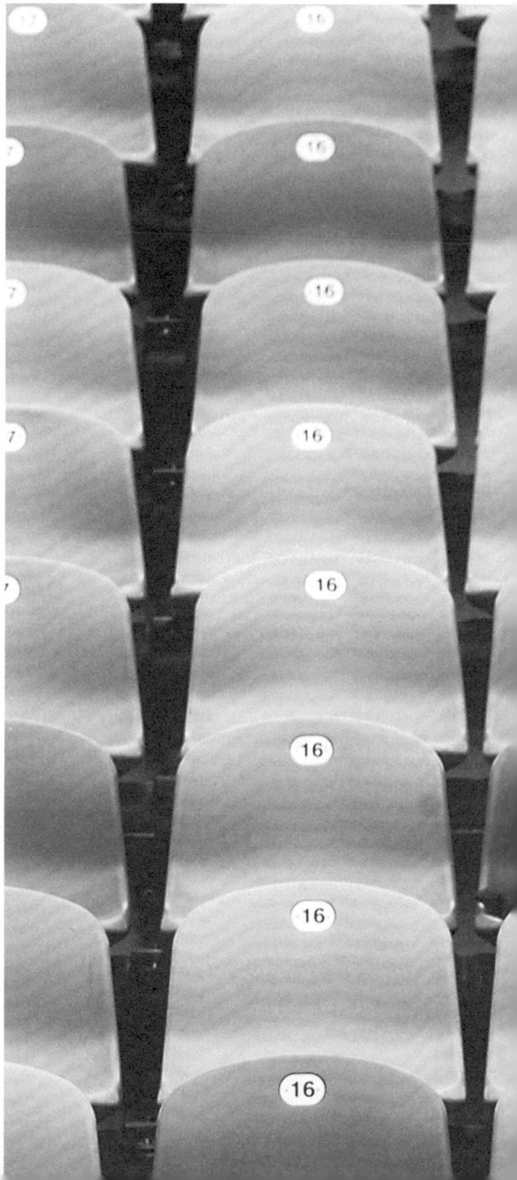

Auszeit

My personal time-out

EuroGames - einfach unbezahlbar

EuroGames - priceless

m

Name/first and last name
Sascha C. Falk Mrotzek
Geburtsjahr/year of birth
1976
Stadt/city
München/Munich
Land/country
Deutschland/Germany
Funktion/capacity
Pressesprecher/spokesman EuroGames 2004

„The right to be different" – das würde ich als mein Lebensmotto bezeichnen. Und dass ich, ein junger „Bursch" aus Kaufbeuren, einer kleinen, verträumten Stadt im Allgäu, tatsächlich selbst auch different bin, wurde mir mit 23 Jahren klar. Denn im denkwürdigen Jahr 1999 bin ich auf der Münchener Wiesn von einem total lieben Jungen angesprochen worden, ob ich nicht Lust hätte, mit in die Bräurosl zu gehen. Da ich mit dieser Lokalität nichts anfangen konnte, ergab sich ein sehr nettes, ewig langes Gespräch. Ich hatte ihn dann die Woche darauf nochmals auf der Wiesn besucht – und mir wurde einiges klar. Er hatte mir die Augen geöffnet, und mir wurde bewusst, dass ich schwul bin. Das Schöne bei der ganzen Geschichte ist, dass zwischen uns – bis auf einen total geilen Zungenkuss – bis heute nichts gelaufen ist und wir seit damals gute Freunde sind.

"The right to be different" – that's what you could call my motto in life. And it was not until I turned 23, that I – a young fellow from Kaufbeuren, a small, sleepy town in the rural Allgäu region in Germany – realized that I was indeed different myself. In 1999, a memorable year, I visited the Oktoberfest in Munich and ran into a very sweet guy who asked me to accompany him to the Bräurosl. As this Bräurosl didn't mean anything to me at that time, we got into conversation. We met again at the Oktoberfest the following week – and all of a sudden, the scales fell from my eyes. He opened my eyes to my being different – I realized that I am gay. Yet, the best part of the Oktoberfest-story is that we've actually never gotten intimate – except for a really kinky French kiss – and that we've been friends ever since.

Im August 2002 habe ich im Szenemagazin OurMunich eine kleine Anzeige der EuroGames erspäht, auf die ich mich dann beworben habe. Warum? Als Neuling in München wollte ich als schüchternes Landei einfach etwas Anschluss finden und für die Community tätig werden und etwas dafür tun, dass Homosexualität in unserer Gesellschaft anders wahrgenommen wird. So gesehen habe ich mir von den EuroGames auch erhofft, dass ich persönlich meine Wünsche für eine offenere Zukunft verwirklichen kann. Mein Wunsch und Anliegen war es, als Pressesprecher dieses Events Homosexualität in den Medien zeitgemäß zu kommunizieren und ein Forum zu bieten, in dem sich alle Teilnehmer selbstbewusst zeigen können. Ich freue mich sehr und bin stolz, das dies – durch die tolle Zusammenarbeit im Team – geglückt ist.

Bei einer so großartigen Veranstaltung wie den EuroGames gab es für mich natürlich viele beeindruckende und auch bewegende Momente. So war die umfassende, überaus positive Berichterstattung der Medien über die EuroGames im Vorfeld und während der Spiele ein echtes Highlight. Gefolgt vom nächsten: dem Einzug der Sportler in die riesige Olympiahalle bei der Er-

In August 2002 I was flipping the gay magazine OurMunich and spotted a small advertisement about the EuroGames: they were looking for volunteers. Why I sent them my application? As I, the shy rural guy, had just moved to Munich, I simply wanted to make friends and become active for the community to help bringing about a change in society. I wanted the public to perceive homosexuality differently and I was hoping to be able to realize some of my dreams: a better future for all of us gay people. A time to live our dreams. Moreover, as spokesman of the EuroGames 2004, I also wanted homosexuality to be communicated adequately in the media and to find common ground for all participants to express themselves openly. And I am both very happy and proud that we – the entire EuroGames team – have succeeded in doing so.

Naturally, such a wonderful event like the EuroGames was packed with interesting encounters and moving moments. One of my personal highlights was the fact that the media covered the event extensively and positively. Another magic moment was the athletes' entrance into the huge Olympiahalle at the opening ceremony – it was over-

öffnungsgala – da kamen mir nicht nur einmal die Tränen. Und dann jener Gänsehaut-Moment, als Christian Ude, Münchens Oberbürgermeister und Schirmherr der EuroGames 2004, die Spiele unter Ovationen und La-Ola-Wellen des begeisterten Publikums eröffnete – schließlich hatten wir es ja auch ihm zu verdanken, dass die EuroGames erstmals auf olympischem Boden ausgetragen werden konnten.

Ja, und dann nicht zu vergessen: das Flair der EuroGames in der bayerischen Landeshauptstadt selbst. Wer mit all den vielen Flaggen in der City, am Hauptbahnhof, am Flughafen und den unglaublich vielen orangefarbenen Rucksäcken, die in der Stadt unterwegs waren, die fantastische Stimmung und das unbeschreibliche Knistern in der Luft nicht miterlebt hat, hat wirklich was verpasst!

Seit dem abschließenden Sonntagsbrunch bei den Spielen vermisse ich schon diese unvergleichliche Stimmung: Die mehr als zwei Jahre ehrenamtlicher Arbeit haben sich für diese tollen Momente und für dieses Gefühl von „Wir haben es geschafft – und ich war dabei“ echt gelohnt. Es hat Spaß gemacht, eine derart verantwortungsvolle Aufgabe übernehmen zu dürfen und

whelming and I had tears of joy running down my cheeks. And I'll also never forget the moment when Christian Ude, Munich's mayor and patron of the EuroGames 2004, went on stage to declare the games open. A completely enthusiastic audience welcomed him with standing ovations and endless La-Ola-waves. Hence, the audience was paying tribute to his commitment to the community and the EuroGames.

And not to forget: I loved to feel the strong presence of the EuroGames all over town. No matter where you were going, no matter what you were looking for, you simply couldn't help but notice all those EuroGames banners – downtown, at the main station, at the airport – and all these moving orange dots, the official backpacks, proudly carried by their gay owners. To those who have missed all this – the wonderful atmosphere and the excitement lingering in the air – I can only say: man, you have no idea what you've been missing!

Ever since the final Sunday's brunch I've been already missing the very particular atmosphere that's so hard to describe. Recalling my EuroGames career, those two years of voluntary commitment, I now realize that joining the organizers' team was one of the best deci-

bewältigen zu können. All das kann man mit Geld nicht bezahlen.

Ebenso wie das größte Geschenk an mich: meinen Partner Florian. Wir haben uns beim Interview zu den EuroGames mit dem Radiomagazin Uferlos „entdeckt" und schließlich auf der Wiesn in der Bräurosl „gefunden" – so schließt sich der Kreis.

sions I've ever made. All these precious moments and the feeling of "Yes, we made it – and I was part of it" were worth the stress. It felt great to take on such a responsible job and to be able to cope with it. It's priceless. As is the EuroGames' greatest gift to me: my partner Florian. We met during an interview I did with a radio magazine program called Uferlos and finally found the way into each others heart in the Bräurosl at the Oktoberfest. You see: we've come full circle.

Keine Medaille im Koffer. Aber einen Wunschtraum im Herzen.

I did not bring a medal. But I did bring a dream.

p

Name/first and last name
Juan Carlos Paniagua Soto
Geburtsjahr/year of birth
1964
Stadt/city
San José
Land/country
Costa Rica

Ein wolkenloser Himmel über uns und dem Land der Kängurus. Ein frischer Wind, der durch unsere Kleidung dringt, als wolle er unsere Aufregung abkühlen. So warteten wir auf unser Startsignal beim Einzug der Delegationen in das Olympiastadion von Sydney bei der Eröffnungszeremonie der sechsten Gay Games. Auf riesigen Bildschirmen flimmerten Bilder der Gay Games in Amsterdam, und dennoch konnten wir noch nicht erahnen, wie die Stimmung drinnen im Stadion sein würde. Aber bereits jetzt war ich tief bewegt, so viele Delegationen aus so vielen verschiedenen Ländern zu sehen. Mit einem Sportler aus Nicaragua teilte ich das ungewöhnliche Schicksal, als Einzelperson eine ganze Nation beim Einmarsch zu vertreten. Moment, das ist nicht ganz korrekt, denn schließlich schwenkte ich mit einem Italiener die Flagge meiner Heimat, Costa Rica. Jede einzelne Delegation wurde per Laut-

Nothing but the clear blue sky above us and the land of kangaroos. A light, fresh breeze caressing us as if to soothe our excited minds and bodies. There we stood, waiting for our signal to enter the stadium at the opening ceremony of the sixth Gay Games in Sydney. Here, outside the stadium, huge screens were showing pictures of the Gay Games in Amsterdam. And yet we did not have the faintest idea of what we were just about to experience inside the stadium. And there was me – already deeply moved by seeing so many delegations from so many different nations. A single representative of Nicaragua and myself were the only ones to represent an entire nation at the opening ceremony. But, well, that is not exactly true. There was actually the two of us, an Italian and me, waving the flag of my native country, Costa Rica. Each delegation was announced by loudspeaker and was met

sprecher angekündigt und von 38 000 Zuschauern mit großem Beifall begrüßt. Ich bekam eine Gänsehaut – so aufgeregt war ich – und mein Herz schlug mir bis zum Hals. Voller Stolz, schwul zu sein. Wenn es so etwas wie eine Wiedergeburt für mich geben sollte, würde ich darum bitten, wieder schwul zu sein. Dieser Gedanke ging mir durch den Kopf, als wir ins Stadion einmarschierten. Mit einer Fülle szenischer Darstellungen, Musik, Tänzern, Götter- und Riesenfiguren, Sängern, Chören und Spezialeffekten führte uns die Eröffnungszeremonie durch die Geschichte unseres Gastgeberlandes Australien. Im Anschluss daran wurde auf dem Bildschirm mit wirklich fesselnden Bildern der Kampf um die Menschenrechte, den die LGBT-Community (Lesbians, Gay Men, Bisexuals and Transgendered People) Australiens seit den 70er Jahren führt, eindrücklich geschildert. Dies war für mich persönlich als Schwuler, aber auch für mich als Vorsitzender des Schwulen- und Lesbenverbands Bewegung 5. April und als Teilnehmer an der Weltkonferenz Worker Out besonders interessant.

Schade fand ich an der Eröffnungszeremonie allerdings, dass nicht einmal die offizielle Begrüßungsansprache in

with thunderous applause. I was so thrilled and excited that I got goose bumps all over my body. My heart was in my mouth – so incredibly proud I felt to be gay. "If I was to be reincarnated, I would ask to be born gay again", I was thinking as we entered the stadium. With a fascinating mix of plays, music, dancers, figures of gods and giants, singers, choirs and special effects, the Opening Ceremony retold the history of Australia. A series of captivating photographs shown on the stadium's huge screen illustrated the fight for human rights of Australia's LGBT (Lesbians, Gay Men, Bisexuals and Transgendered People) community starting in the seventies. Not only did these documentary records touch me as a gay but they were even more interesting to me as president of the gay and lesbian organization called Movement 5th April and as a participant at the world conference Worker Out.

But there was something I disliked about the ceremony: not even the opening speech had been translated into other languages. The one and only language for a global event like this was Australian English. Such a shame!

But let's leave aside my personal impressions and expectations concerning

eine andere Sprache als der Landessprache übersetzt wurde – und das, obwohl es sich um ein Welt-Ereignis handelte.

Abgesehen von meinen persönlichen Eindrücken und Erwartungen würde ich die Bedeutung der Gay Games für uns Schwule und Lesben vielleicht so zusammenfassen: Die Gay Games sind ein internationales sportliches, kulturelles und politisches Ereignis, das über den sportlichen Wettkampf hinaus die Integration und die lebendige Äußerung unserer Menschenrechte und unserer Lebensart fördern will. Es geht darum, Chancengleichheit zu leben sowie Vielfalt und Individualität zu respektieren. Alles, was zählt, ist der Ausdruck unserer vielfältigen Kultur – so wie das unsere Flagge versinnbildlicht.

Aber: Bei den Gay Games geht es auch um Geschäft. So brachten die Geschäftsleute und Händler in Sydney mit dieser Veranstaltung ihre Schäfchen ziemlich schnell ins Trockene – wie mir schien. Schließlich herrschte in der Stadt und insbesondere im berühmten Schwulenviertel Oxford drei Wochen lang der Ausnahmezustand. Nicht selten mussten wir eine halbe Stunde und länger Schlange stehen, um in ein Restaurant, eine Disco oder eine Bar zu ge-

the games and try to put into words what the Gay Games mean to our gay and lesbian community spread all over the world. The Gay Games represent an international sporting, cultural and policital event that aims at fostering integration, based on our inalienable human rights and the acceptance of our way of living and loving. It is about everybody enjoying the very same priviledges and about respecting diversity as well as individuality. All that matters is to express our gay culture in all its facets as represented by the rainbow flag.

But there is a flipside to the true spirit of the games. The Gay Games are also about money and making profit. It seemed to me that for Sydney's business people and shop owners the games turned out to be extremely lucrative since the entire city – and in particular the gay district Oxford – had been bursting with gay people for three weeks. So we somehow got used to waiting in line for thirty minutes or more in order to get into a restaurant, a club or a bar. And some of the shops I came across were simply sold out because some gays and lesbians were just buying everything they could get their hands on. Despite or maybe even be-

langen. Auch waren viele der Läden schlichtweg ausverkauft – weil viele Schwule und Lesben einfach alles kauften, was ihnen in die Finger kam. Trotz oder gerade wegen der unglaublichen Menschenmengen bewunderte ich es, wie die Schwulen und Lesben mit ihren frisch gewonnenen Medaillen durch Oxford schlenderten und von allen Seiten beglückwünscht wurden. Ich erfreute mich an all jenen Pärchen, die Hand in Hand gingen. Die ganze Stadt wurde zu einem großen Fest, zu einer ganz eigenen Welt, wo jedem ein Lächeln ins Gesicht geschrieben stand. Eine Zeit, in der es keinen Grund gab, sich vor irgendjemanden für irgendetwas zu schämen: Schwulen-Stolz in seiner schönsten Form.

Täglich sportliche Wettkämpfe auf dem Olympiagelände Sydneys, kulturelle Veranstaltungen in Parks, Theatern und sogar im berühmten Opernhaus von Sydney – ein buntes Unterhaltungs- und Vergnügungsprogramm in allen LGBT-Clubs und –Treffpunkten: da fiel die Entscheidung richtig schwer, wohin man denn nun gehen sollte. Und erst die Partys! Die heftigsten waren Sunset und Black: Stunde um Stunde Musik, Tanz, Getränke, Show, Hedonismus pur, das ganze Spektrum von

cause of these incredible masses everywhere, I admired those gays and lesbians who strolled along the streets of Oxford, proudly presenting the medals they had just won – enjoying being congratulated by strangers passing by. I also admired all those couples who were walking hand in hand: the whole city had turned into a big festival, had become a very special place where you saw nothing but smiling faces. It was a time when there was nothing to be ashamed of. We just felt proud to be gay. Basically the only problem you were facing was decision-making. Where should I go? And when? Which events shall I attend?

With all these daily sporting competitions in the Olympic stadiums, with all those festivals in parks, theaters and even in Sydney's famous opera or the events in the LGBT clubs and meeting points, you never quite knew where to go to first. And not to forget: the parties! Take Sunset or Black party for example – they just blew you away. Music, dancing, drinking, shows, pure hedonism, seeing people go crazy and go into ecstasies for hour after hour. A sea of music, laser beams and thousands of gays dancing topless: it was heaven! Everyone took all she or he could get out

Verrückt- und Entrücktsein inklusive. Schließlich kostete der Eintritt fast 60 US-Dollar, daher galt es, das Maximum aus der Party herauszuholen. Ein Meer aus Musik, Laser und tausenden Gays ohne Hemd – es war wie im Paradies.

In diesem Zusammenhang fand ich die AIDS-Verhütungskampagnen während der Gay Games sehr interessant. Das liegt wohl auch daran, dass ich in Costa Rica als Berater von Nicht-Regierungsorganisationen in Sachen AIDS-Prävention tätig war. Informationen zum Schutz vor HIV bekam man überall, und auf allen Veranstaltungen wurden kleine Pakete mit einem Kondom und Gleitmittel verteilt. An allen sogenannten „Sex-Treffpunkten" gab es Kondom- und Gleitmittel-Automaten sowie Info-Faltblätter und Plakate. All diese Treffpunkte waren mit einem Safe Place-Aufkleber an der Türe gekennzeichnet – dieses Zeichen war auch an allen Geschäften und öffentlichen Orten angebracht, wo Schwule, Lesben, Bisexuelle und Transgender mit Respekt behandelt werden.

Und wie sieht nun die Zeit „nach Sydney" aus? 2006 stehen die nächsten Gay Games an, und es ist mein großer Wunsch, dass dann auch zum ersten Mal eine große Delegation aus Costa Ri-

of these parties for which you had paid nearly 60 US-dollars to get in.

Speaking of coming together, I find the HIV-prevention campaigning during the entire Gay Games worth mentioning. Not just because I once worked as a consultant for non-governmental organisations in Costa Rica promoting the prevention of sexually transmitted diseases. Information, brochures and other material on safe sex were to be found everywhere and "safer sex packages" containing a condom and lubricant were distributed at all events. There were those "meeting points" with condom and lubricant dispensers, brochures and posters promoting safe sex. You could spot these special meeting points quite easily by taking a closer look at the doors: there you could see the safe place sticker. Its message was that in these locations, bars,shops etc. gays, lesbians, bisexuals or transgendered people were treated with respect – capital "R".

And what about the Gay Games' aftermath? The next games will be held in 2006 and I wish that Costa Rica will then participate in the games with a really big delegation. There seems to be a growing interest on behalf of the games' organizers to more strongly involve

ca daran teilnimmt. Seitens der Organisatoren besteht großes Interesse daran, mehr Länder Lateinamerikas mit einzubeziehen. Und deshalb sehe ich das als unsere große Chance, obwohl die Gay Games momentan noch das große Fest der Schwulen und Lesben der reichen Länder sind. Aber sie sind ein Ereignis, das etwas bewirken kann: nämlich, dass Menschenrechte ohne Diskriminierungen respektiert werden.

Ich selbst habe aus Sydney keine Medaille mitgebracht. Dafür aber den Traum, dass man 2006 im Olympiastadion unseren berühmten Ruf hören wird: „Oeee-oee-oe-oee, ticoooos, ticoooos!“ (wir aus Costa Rica nennen uns selbst los ticos). Und, dass der eine oder andere von uns mit einer Medaille geehrt wird. Bis dann!

Latin American countries. I think that the games to come provide a great opportunity for us Latin American gays, although I am aware of the fact that today's Gay Games are still a festival for gays and lesbians of the wealthy countries. Nevertheless, the games represent a great event bearing much potential to bring about a change by promoting respect and the human rights without discrimination.

I did not bring a medal from Sydney. But I did bring a dream, a vision. In my dream I can hear our famous call "Oeee-oee-oe-oee, ticoooos, ticoooos!" (my people calls itself los ticos) echoeing from the Olympic stadium in 2006. And I see gays and lesbians from Costa Rica with shining medals around their necks. So long!

Affenhitze & Gänsehaut

How to get goose bumps in sweltering heat

p

Name/first and last name
Claudia Peiser
Geburtsjahr/year of birth
1969
Stadt/city
Hamburg
Land/country
Deutschland/Germany
Team/team
Ruby Reds, Sydney
Disziplin(en)/discipline(s)
Baseball/baseball
Medaille(n)/Medal(s)
Bronze/bronze medal

Zunächst mal etwas zu mir selbst: Ich lebe in Hamburg, bin Journalistin, arbeite frei für Print, TV und Radio und bin „nebenbei“ Mit-Herausgeberin der Hamburger Frauenszene-Zeitschrift „escape“. Außerdem mache ich Musik (Hamburger Synagogal-Choir), spiele Baseball und Golf, fahre Snowboard und reise gerne. Ich habe eine Freundin und das Leben ist gut.

Wie ich zu den Gay Games VI in Sydney kam? Das war so: Ich spiele in der deutschen Bundesliga Baseball (Hamburg Wildcats) und wollte, da ich die Amsterdam Gay Games verpasst habe, unbedingt in Sydney mitspielen. Deshalb habe ich mich als Einzelperson angemeldet und die GG-Organisatorinnen haben mir geholfen, bereits im Vorfeld ein Team zu finden, das noch eine zusätzliche Spielerin gebrauchen konnte. Dass ich bei dem Team der Gastgeberstadt gelandet bin, war ein besonderer Glücksfall.

First of all some facts about me: I live in Hamburg, Germany, working as a freelance journalist for the print media, TV and radio and co-editing Hamburg's lesbian magazine "escape". I love making music (Hamburg Synagogal-Choir), playing baseball and golf and I also enjoy snowboarding and travelling. I am sharing my life with my girl-friend and life is good.

How did I make my way to the Gay Games VI in Sydney? I am member of my hometown's baseball team, the Hamburg Wildcats, which is competing in the German national league. Since I missed the Gay Games in Amsterdam, I was determined to participate

Von den Spielen selbst habe ich mir erhofft, internationale Kontakte zu knüpfen – sportlich wie persönlich – und natürlich jede Menge Spaß am Sport und im Team zu haben. Ich freute mich auf gute Baseballspiele und Gegnerinnen aus der ganzen Welt, wie Malaysia, Japan, Singapur, Australien oder Neuseeland. Selbstverständlich war ich auch gespannt, die Lesbenszene von Sydney kennen zu lernen, was ich dank meines Teams auch auskosten konnte.

Was mir in Sydney gleich aufgefallen ist: Die „Sydneysider" sind sehr gastfreundliche und lebensfrohe Leute. Ich wurde sofort ins Team integriert und auch zu den Spielerinnen nach Hause eingeladen. Von allen Frauen-Baseballteams war unseres wohl das lockerste und lustigste, das am Ende dann sogar sportlich überraschend gut abschnitt. Bei 44° C das Spiel um die Bronze-Medaille zu spielen, war allerdings weniger lustig. In solcher Hitze hatte vorher noch keine von uns gespielt.

Beeindruckend fand ich die GG-Lesbenparty mit 2000 Lesben aus aller Welt. Da konnte man richtig gut schauen, wie „frau" in den verschiedenen Ländern so aussieht. War ziemlich ab-

in the Sydney games. That is why I registered as a single athlete, and the Gay Game's organizers helped me find a suitable team that could do with an additional player. I was extremely happy to finally find myself playing on the team of the Gay Games 2002 hosting city, Sydney.

I hoped for a good opportunity to socialize on an international level – athletically as well as personally – and to have a lot of fun with the team while competing. I was looking forward to challenging teams from all over the world, like Malaysia, Japan, Singapore, Australia or New Zealand. I was also curious to get to know Sydney's lesbian scene, to which I was introduced by my team.

Something that immediately struck me after my arrival is that "Sydneysiders" are really wonderful hosts, who seem to enjoy life a lot. I was instantly integrated into the team, and was even invited to the homes of my team-mates. It occurred to me that our softball team was the funniest and most relaxed one of all the women's teams, and in the end we even did suprisingly well. Yet, competing for the bronze medal at 44° C was a little less fun.

Dancing Queen. . .Knowing me, knowing you. . .
Take a chance on me. . .I have a dream. . .
Does your mother know. . .The name of the game. . .
The winner takes it all. . .

wechslungsreich. Gucken war an dem Abend eindeutig spannender als tanzen...

Interessant war übrigens auch, dass nur unser Coach, Helen, eine Hetera war. So kam Helen mit ihren 50 Jahren sogar in den Genuss ihrer ersten Gay-Party am Ende der Spiele. Ihr Kommentar: „It was...different".

Der für mich persönlich bewegendste Augenblick war, als wir – als Teil des „Team Sydney" – als Gastgeber bei der Eröffnungszeremonie ins Stadion einzogen und 40 000 Leute jubelten. Wir waren von allen Teams, Ländern, Städten die allerletzten, die einliefen, so dass das Stadion bereits voll besetzt war. Riesenbegeisterung im Publikum und bei den anderen Sportlern. Ein eindeutiger Gänsehaut-Moment.

Ich hoffe, auch in Montréal 2006 dabei sein zu können. Das hängt aber auch davon ab, ob meine angeschlagenen Knie das mitmachen..

None of us had ever played under such extreme conditions before.

I really loved the Gay Games lesbian party with 2000 women from all over the world. It was a great oppurtunity to wander around just watching women from other countries – which was extremely interesting and definitely more exciting than dancing...

Another snapshot: Helen, our coach, was the only heterosexual woman around. And the Gay Game's final party was the first gay party Helen, aged 50, had ever been to. Her diagnosis: "It was...different".

My personal highlight was the moment when we, as part of „Team Sydney", marched into the stadium at the Opening Ceremony with 40.000 people cheering. As Sydney's team was the last to enter, the stadium was already bursting with people. The atmosphere was euphoric. I got goose bumps all over.

I'm really hoping to make my way to Montréal in 2006 – if my already „wounded knees" will cooperate...

Stolz, der stark macht
The power of pride

p

Namen/names
Carlos Perera,
Arieta Tuitoga,
Melissa, Bui,
Sheena,
Samuela Cabe
Stadt/city
Suva
Land/country
Fidschi/Fiji
Disziplin(en)/discipline(s)
kulturelle Aktivitäten (Tanz) und Volleyball
cultural activities (dance) and volleyball

Die Gay Games 2002 in Sydney waren unsere erste Sportveranstaltung für Lesben und Schwule, die wir miterleben durften – und dann das Ganze gleich auf internationaler Ebene. Wir, das ist ein 8-köpfiges Team von Lesben und Schwulen aus Fidschi. Und für drei von uns war es sogar die erste Reise ins Ausland überhaupt. Wie wir zu den Gay Games kamen? Wir hatten von Outreach-Leuten davon gehört, die Fidschi bereisten und wir hatten auch schon einiges über die früheren Spiele in Zeitschriften für Lesben und Schwule gelesen.

Bereits 1999 hatten wir angefangen, unsere Teilnahme an den Gay Games 2002 zu planen und versuchten, dafür Geldmittel locker zu machen. Als uns dann endlich die frohe Botschaft erreichte, dass wir ein Stipendium für die Reise nach Australien bekommen würden, war klar: Nichts und niemand konnte uns davon abhalten, nun endlich bei den Gay Games dabei zu sein.

Before the Gay Games 2002 in Sydney, we had never attended any gay sports event – quite apart from an exclusively gay gathering on an international scale. We, that means a team of eight lesbian and gays from Fiji of which three had never left our native country before. How we learned about the games? We had heard about them from Outreach people we had met as they were travelling through the Pacific – and we had also read about the previous games in gay publications. We had been planning to attend the games and trying to raise funds to be able to get there since 1999. As we heard the good news that we would be granted scholarships helping us getting to Australia, there was no

Da es ja sozusagen unser „erstes Mal" war, dass wir offensiv als Lesben und Schwule an einem Homo-Festival teilnahmen, waren wir im Vorfeld alle sehr aufgeregt und schrecklich nervös – im positivsten Sinne versteht sich. Und selbstverständlich waren wir ziemlich neugierig auf all die verschiedenen Menschen und Völker aus der ganzen Welt, obwohl wir ja alle einen gemeinsamen Nenner hatten: unsere Sexualität. Wir freuten uns darauf, unser Netzwerk von Aktivisten aus allen Ländern der Erde zu erweitern und um Unterstützung für unserer Aktivitäten zu werben. Unterstützung insbesondere in Bezug auf unsere anstehenden Aktionen und Maßnahmen, da die Regierungen unseres Landes in der Vergangenheit stets versucht haben, den Passus zur sexuellen Orientierung aus der Benachteiligungs-Klausel der Verfassung zu streichen.

Auch waren wir gespannt darauf, die Vielfalt und die Individualität der Menschen innerhalb der Community live zu erleben. Wir wollten mit den alten Stereotypen über das Schwul-Sein aufräumen. Und wir machten uns darauf gefasst, mit Haut und Haaren in das Meer des Andersseins einzutauchen. Wir freuten uns darauf, durch Sydneys Straßen zu schlendern, ohne uns stän-

way we were going to miss the Gay Games in our hemisphere.

Since this was going to be our first gay event experience we were very excited and nervous in the run-up to the games. Nervous in the most positive sense. Naturally, we were quite curious about the different people coming from all parts of the world – although we identified as one in view of our sexuality. We were looking forward to make our network of activists from all over the world grow and to go out lobbying for support. Support particularly regarding our activities since Fiji's past governments wanted to remove sexual orientation from the discrimination clause in the constitution.

We were also looking forward to experience the diversity within the lesbian and gay community. We hoped to make people see what it means or what it does not mean to be gay and basically to do away with stereotypical views concerning gay people in the Pacific. We expected to be inundated with gayness. We wanted to walk through the streets of Sydney and not be concerned about being hassled by bigots. We wanted to have heaps of fun, exchange experiences, share thoughts and attend as many meetings, conferences and par-

dig mit den Kommentaren und Angriffen von irgendwelchen Betonköpfen auseinandersetzen zu müssen. Wir wollten einfach jede Menge Spaß haben, gemeinsam Erfahrungen sammeln, uns austauschen und möglichst viel mitnehmen: Meetings, Konferenzen und natürlich Parties – und dabei stets jede einzelne Sekunde genießen. Und das taten wir dann auch. Diese Reise hat uns ganz neue Welten erschlossen und uns schlichtweg überwältigt. Denn zum ersten Mal in unserem Leben kamen wir in den Genuss von Privilegien, gerade weil wir schwul sind. Und für diejenigen aus unserem Team, die zum ersten Mal die Grenzen Fidschis hinter sich gelassen haben, war es ein besonders aufregendes, denkwürdiges und unglaublich wertvolles persönliches Erlebnis.

Unser Terminkalender in Sydney war stets gespickt voll, schließlich gab es so viel zu sehen, zu tun, zu lernen und zu verarbeiten. Wir traten gemeinsam bei der Open Stage-Veranstaltung auf, ebenso bei Shows mit traditionellem Tanz im Hyde Park, Home Bush und im Aquatic Centre. Zwei aus unserem Team zeigten sich von ihrer sportlichen Seite und spielten bei den Volleyball-Teams Darwin Stingers und Arizona mit.

ties as possible – loving every minute of it. And: we did! The whole trip was an eye-opener for everyone and just blew our minds. It was also the the first time we received preferential treatment because we are gay. And to those of our team who had left Fiji for the first time it definitely was an adventurous, memorable event and a precious personal experience.

Our days in Sydney were really packed. There was so much to see, to do, to learn and to assimilate. We all performed at the Open Stage Event, at traditional dance shows in Hyde Park, Home Bush and the Aquatic Centre. Two of us showed themselves at their athletic best playing volleyball: one in the team Darwin Stingers and the other in the team Arizona.

Three of us attended the Global Rights Conference and we were happy to witness one of our team mates, Luisa, presenting her paper there. The Indigenous Conference, the First Cultures Conference and Workers Out were also events on our busy, extremely varied schedule.

We felt extremely proud to have Sangeeta and Luisa enter the Video Your Gay Games Competition with their documentary titled PNG Pride. It fea-

Zu dritt nahmen wir an der Global Rights Conference teil und waren sehr glücklich, unserer Teamkollegin Luisa bei ihrem Vortrag dort lauschen zu dürfen. Auch standen die Indigenous Conferene, die First Cultures Conference sowie Workers Out auf unserem extrem vollen und abwechslungsreichen Terminplan. Ganz besonders stolz waren wir darüber, dass Sangeeta und Luisa mit ihrem Dokumentarfilm PNG Pride in die Endausscheidung der Video Your Gay Games Competition kamen. Der Film handelt von den Schwierigkeiten, denen sich das Team aus Papa-Neuguinea aufgrund von religiösen und kulturellen Überzeugungen im Vorfeld von Sydney gegenüber sah und begleitet das Team auf seinem Weg zur Goldmedaille im Netzball.

Obwohl es natürlich sehr schwer ist, die Eindrücke und Empfindungen während der zwei Wochen in Sydney aus Teamsicht wiederzugeben, gibt es dennoch Gemeinsamkeiten, was das Erlebte anbetrifft. So war es für uns alle eine großartige Erfahrung, einfach nur wir selbst sein zu können, ohne uns ständig wegen unseres Andersseins Gedanken machen zu müssen. So konnten wir uns ganz auf unsere Talente und auf das, was wir eben gerade machten, kon-

tures the Papua New Guinean team showing the difficulties they had to go through before arriving in Sydney due to cultural and religious beliefs, and reveals how they won gold in netball.

Although it is really difficult to sum up our team's impressions and feelings regarding the two weeks spent in Sydney, there definitely is common ground. Being able to be ourselves and not be concerned about the gay content of it was an incredibly great experience for all of us. We could just focus on our skills and on what we were doing – without worrying about people focussing on our gayness. It was wonderful to see, feel and witness lesbian and gay diversity in its brightest colors and also to meet some of the participant's families who had taken leave to either attend the games or to volunteer.

Our team's list of highlights is long but there are some precious moments during the games that we all keep on carrying in our hearts: Hearing the announcer say "Fiji" and walking in behind Carlos, our team leader, who was holding the national flag – we were so undescribably proud to walk into the stadium with our flag. It was overwhelming. Marching into the stadium and being cheered by thousands of les-

zentrieren – ohne ständig das Gefühl zu haben, dass die Leute bei allem, was wir tun, eh nur auf unsere „Andersartigkeit" fixiert sind. Es war herrlich, das Lesbisch- und Schwul-Sein in seinen schönsten Farben und Facetten zu sehen und zu spüren. Auch gab es wunderbare Begegnungen. So zum Beispiel mit den Familien einiger Teilnehmer, die sich extra freigenommen hatten, um ihre Lieben zu den Gay Games zu begleiten oder sogar als freiwillige Helfer teilzunehmen.

Die Liste unserer Highlights könnte man geradezu endlos fortsetzen. Aber auch hier gibt es ein paar Erlebnisse, die uns allen im Team ewig in Erinnerung bleiben werden. So zum Beispiel als „Fidschi" durch die Lautsprecher des Stadions schallte und wir hinter Carlos, unserem Teamleiter, der die Flagge trug, ins Stadion einmarschierten. Es war ein überwältigender Moment: Abertausend Lesben und Schwule begrüßten und bejubelten uns auf unserem Weg ins Stadion. Das war etwas, von dem wir nicht einmal in unseren kühnsten Fantasien zu träumen gewagt hätten. Das Gefühl, einmal nicht anzuecken und zu dieser wundervollen Gemeinschaft dazuzugehören, kann man nicht in Worte fassen. Dieses Gefühl ist

bians and gays was something we had never ever thought we would be doing. The feeling of just fitting in and being part of the great gay family cannot be put into words. But it is an emotion so strong and powerful that it will linger in our hearts forever.

Another milestone for our team was watching our team mates' documentary video on the big screen at Fox Studios – not grasping that "we" had won the bronze medal. And, on top of all, watching the PNG team win the netball final and then adding "our" medal to their tally and thus somehow make people aware of the real dimensions of their plight – and that of many other gays in the Pacific Islands.

And, last but definitely not least, there was the games' closing ceremony. We all came together for the last time to bid farewell to each other. A moment full of memories, full of joy and sadness. A moment full of love, remembering those who could not be there with us or had moved on to another space in time.

so überwältigend und mächtig, dass es für immer in unseren Herzen wach bleiben wird.

Einen weiteren denkwürdigen Moment erlebten wir als Team, als der Dokumentarfilm unserer Team-Kollegen auf der riesigen Leinwand in den Fox Studios gezeigt wurde, und wir im ersten Moment gar nicht kapierten, dass „wir" gerade die Bronzemedaille dafür gewonnen hatten. Und dann, als Krönung des Ganzen, durften wir miterleben, wie das Team Papa-Neuguineas das Netzball-Finale für sich entscheiden konnte. Ihnen haben wir gewissermaßen auch unsere Medaille gewidmet, um bei den Menschen ein größeres Bewusstsein für die tatsächlichen Ausmaße ihrer Not und der misslichen Lage vieler Lesben und Schwulen in anderen Ländern des pazifischen Raumes zu schaffen.

Und dann war da natürlich noch die Abschlussveranstaltung der Spiele. Ein letztes Mal kamen wir alle zusammen, um voneinander Abschied zu nehmen. Das waren Momente voller Erinnerungen, voller Freude, aber auch Momente der Tränen. Momente voller Liebe, denn in Gedanken waren wir bei denen, die in diesem Augenblick nicht bei uns sein konnten oder uns vom Himmel herab zuschauten.

Der Tag, an dem ich mir die Seele aus dem Leib kämpfte

The day I wrestled my heart out

q

Name/first and last name
Andy Quan
Geburtsjahr/year of birth
1969
Stadt/city
Sydney
Land/country
Australien/Australia
Disziplin(en)/discipline(s)
Ringen (Freistil, offene Klasse, 65 kg)
wrestling (freestyle, open division, 65 kg category)

Ich bin gewissermaßen das, was man einen bekennenden Gay-Games-Freak nennen könnte. Warum? Nun, als die dritten Gay Games in meine Heimatstadt Vancouver kamen, beschlossen mein älterer schwuler Bruder und ich, uns als freiwillige Helfer zu melden. Bei den Gay Games in New York war ich als Zuschauer dabei, ebenso war ich bei der International Lesbian and Gay Association World Conference mit von der Partie. In Amsterdam sang ich im Gay-Games-Chor. Und nachdem ich nach Sydney gezogen war, war für mich klar, dass ich als Sportler bei den Gay Games VI in Sydney dabei sein würde. Obwohl ich am Literaturfestival teilgenommen und „on stage" gesungen habe, wird mir Sydney vor allem wegen eines Ereignisses ewig in Erinnerung bleiben: Wegen jenes denkwürdigen Tages, an dem ich im Freistil-Ringen in der Gewichtsklasse 65 kg für den Harbour City Wrestling Club in Sydney antrat.

I am a self-confessed Gay Games junkie. I was living in my hometown of Vancouver when Gay Games III came to town. My gay older brother and I both volunteered to help out. I was a spectator in New York and attended the International Lesbian and Gay Association World Conference. In Amsterdam, I sang in the Gay Games choir. After moving to Sydney, I decided that sport was what I needed to do for Gay Games VI. And though I also participated in the literary festival and sang on the open stage, I will never forget my day competing in the men's open category, 65 kilograms, for freestyle wrestling for the Harbour City Wrestling Club in Sydney.

And here is how I got into wrestling for the Gay Games 2002 in Australia:

Und so kam es dazu, dass ich mich bei den Gay Games VI in Australien auf die Matte begab: Aufgewachsen in Kanada, fühlte ich mich bereits in der Grundschule als Außenseiter. Ein kluges Köpfchen Marke „Streber“ eben. Stets war ich einer der letzten, die beim Sport in die Teams gewählt wurden. Dass ich dabei nie tatsächlich das Schlusslicht wurde, lag einzig und allein daran, dass ich gut Witze erzählen konnte.

Als ich dann ins Gymnasium kam, war ich konsequent: Ich klammerte Sport einfach aus meinem Leben aus. Stattdessen machte ich Bibliotheksaufsicht und half bei Bühnenarbeiten im Theater. Die Sportfanatiker mied ich tunlichst, weil mir deren aggressives Testosterongehabe und ihre Schwulenwitze schlichtweg Angst machten. Zudem befürchtete ich, dass man von meiner Unsportlichkeit automatisch auf mein Schwulsein schließen könnte. Dennoch wurde ich später sportlich aktiv. Ich fing an, zu wandern sowie andere sportliche Aktivitäten nach draußen zu verlegen: Ich joggte und trainierte mit Gewichten. Jetzt, als Mittdreißiger, halte ich mich zwar nicht für übermäßig begabt, aber ich lasse Sport endlich an mich heran. Wie die Sache mit dem Ringen. Als ich zum ersten Mal den schwulen

Growing up in Canada, I was a geek in elementary school. A nerd. A brain. Picked almost last for school teams – my ability to tell jokes saved me from dead last. By the time I got to high school, I simply avoided sport. I was a library monitor and a theatre stagehand. I stayed away from the jocks because their aggressive testosterone scared me, as did their jokes about faggots, and my fear that being unathletic meant being homosexual.

Still, I became active. I took up hiking and outdoors activities. A bit of jogging. Weight-training. Now in my thirties, I do not call myself coordinated, but I am willing to give physical activities a go. Like wrestling. On my first visit to the gay wrestling group here in Sydney, the Harbour City Wrestling Club, I was amazed at finding myself doing something so aggressive, so physical and with such close contact. I could feel the rush of adrenalin as I would try to stay on top of my training partner. I felt fear at looking stupid, and giddy excitement at learning a move properly. Anything that scared me so much, I thought must be good for me.

I never thought I would wrestle for the games though. It would be too aggressive, too tough. All those experi-

Ringer-Club hier in Sydney, den Harbour City Wrestling Club, besuchte, war ich überrascht, dass ich zu so etwas Aggressivem, zu etwas so Körperlichem mit so engem Körperkontakt fähig war. Ich fühlte, wie das Adrenalin durch meinen Körper rauschte, während ich damit beschäftigt war, meine Position auf meinem Trainings-Partner zu halten. Ich hatte Angst, dabei völlig dämlich zu wirken. Andererseits fand ich es aber unheimlich aufregend, einen Bewegungsablauf richtig zu erlernen. Etwas, vor dem ich dermaßen Angst hatte, musste einfach gut für mich sein. Dennoch hätte ich nie gedacht, dass ich einmal bei den Gay Games im Ringen antreten würde, denn das war einfach zu aggressiv und zu hart für mich. Und dann all diese starken Amerikaner, in einem richtigen Wettkampf vielleicht – das ist einfach nichts für mich, wo ich mich doch ständig verletze und mich Schmerzen alles andere als begeistern.

Nachdem ich monatelang das Training ausgesetzt hatte, ging ich genau zwei Wochen vor den Gay Games VI wieder ins Training. Ich hatte mich am „Schnuppertag" fürs Ringen eingetragen und war zuversichtlich, dass ich wieder ausreichend Schliff bekommen würde. Das Training verlief großartig,

enced strong Americans. An actual competition. Plus, I get injured all the time and I do not really like pain.

I had not been to practise for months, but two weeks before the games, I dropped by. I had registered for the novice day of wrestling, and thought I would brush up. I had a great training and amazed myself by remembering moves. More so, I saw the boys from the local team, who had trained their hearts out for months. They were not scared of the Americans. And if they could do it, I could, too. I entered the open competition.

For my first match, I found myself on a mat against a tough muscular competitor from Vancouver. He roared this strong growl, rushed at me and gained control. We were neck and neck. I lost one of my contact lenses, then my concentration and he got the better of me.

During my second match against a greatly experienced wrestler, I lasted longer than I thought. Afterwards, he told me that I was strong. I realised that no one had ever told me that before. And certainly not a person who would actually know what he was talking about because I had been fighting him. Fighting. Me. Peace-loving, non-aggressive, non-athletic me. A fighter!

und ich war überrascht, wie gut ich mich an die Bewegungen erinnerte. Auch sah ich die Jungs aus dem Team, die sich monatelang die Seele aus dem Leib trainiert hatten: Sie zeigten keine Spur von Angst vor den Amerikanern. „Was die können, kann ich schon lange!“, dachte ich mir und trat bei den offenen Wettkämpfen im Ringen an.

Bei meinem ersten Kampf fand ich mich auf einer Matte vor einer vollbesetzten Zuschauertribüne wieder und hatte es mit einem wirklich schwierigen Gegner aus Vancouver zu tun. Er stieß sein Kampfgebrüll aus, kam auf mich zu und übernahm die Kontrolle. Wir klebten Kopf an Kopf. Ich verlor zuerst eine Kontaktlinse, dann meine Konzentration, und schon hatte er mich überwältigt. In meinem zweiten Kampf gegen einen ausgesprochen erfahrenen Gegner hielt ich länger als erwartet durch. Nach dem Kampf sagte er mir: „Du bist stark!“. So etwas hatte mir noch nie jemand gesagt. Und vor allem keiner, der wirklich wusste, wovon er sprach, weil er bereits mit mir gekämpft hatte. Ich und ein Kämpfer! Ich, der ich doch so friedliebend, zurückhaltend und unsportlich bin! In meinem dritten Kampf machte ich alles falsch, was man nur falsch machen konnte. Aber im Vierten

I could not seem to do anything right in my third match, but in the fourth, my last, I very nearly managed to pin my opponent except that pinning was something I had never really learned.

My head had never been so filled as it was the end of that day. Disbelief that I was an athlete competing in front of a crowd. The proof of it from my aching body and the heavy, long breaths coming from my mouth. A glow of intense, new friendships. A feeling of belonging from so much camaraderie and support. And pride. So much pride. Not “gay” pride, in particular, waving a rainbow flag or holding my boyfriend’s hand in a crowd. No. Proud to have challenged myself in a way I have never done before. To have almost won a match. To have matched point-by-point a roaring muscleman. To not be pinned right away. To be told that I am strong.

For that, I’ll never forget Gay Games VI, held in my adopted home of Sydney, a magical week and that one memorable day when I wrestled my heart out.

habe ich meinen Gegner fast geschultert – davon abgesehen, dass ich nie richtig gelernt hatte, wie man das macht.

An diesem Tag war ich so glücklich und zufrieden wie noch nie zuvor in meinem Leben. Ich konnte es kaum fassen, dass ich tatsächlich vor Zuschauern gekämpft hatte. Den Beweis dafür spürte ich deutlich: Mein Körper schmerzte und mein Atem ging schwer. Aber da war auch das Gefühl neuer, inniger Freundschaft und Kameradschaft. Das Gefühl, dazuzugehören und unterstützt zu werden. Ich war stolz, unglaublich stolz. Nicht diese Art Stolz, schwul zu sein. Auch nicht die Art Stolz, die man empfindet, wenn man eine Regenbogen-Fahne schwenkt oder mit seinem Partner in der Öffentlichkeit Hand in Hand geht. Nein, ich war stolz darauf, mich selbst weiter gebracht zu haben als je zuvor. Stolz, einen Kampf fast gewonnen zu haben. Stolz, mich mit einem donnernden Kraftpaket messen zu können. Stolz, nicht gleich sang- und klanglos untergegangen zu sein, sondern gesagt zu bekommen: „Du bist stark!“.

Dafür werde ich die Gay Games VI in meiner Wahlheimat Sydney nie vergessen. Es war eine Woche voller magischer Momente mit jenem besonders denkwürdigen Tag, an dem ich mir meine Seele aus dem Leib kämpfte.

Hard working – good looking

Ein großartiger Film – und ich mittendrin!

A great film featuring...me!

S

Name/first and last name

Till O. Scheurle

Geburtsjahr/year of birth

1970

Stadt/city

Stuttgart

Land/country

Deutschland/Germany

Disziplin(en)/discipline(s)

Tennis

Medaille(n)/Medal(s)

Bronze/bronze medal

Begonnen hatte alles als Traum. Als Traum von der Teilnahme an den Gay Games 2002 „Down Under" in Sydney, von einer Reise um die Welt, vom Gefühl absoluter Freiheit und von einem großen Stück Selbstbestimmung. Ein Traum von einer nie vorher da gewesenen Art zu leben. Und als ich dann aus diesem tatsächlich gelebten Traum erwachte und mir – zurück in Deutschland – die Augen rieb, hatte ich die Silbermedaille im Tennis-Doppel von den Gay Games VI und 1000 wunderbare Erinnerungen an die Spiele im Gepäck, eine Weltumrundung in sechs Monaten auf meinem inneren Kilometerzähler, ein selbst geschriebenes Buch in den Händen und einen unglaublichen Erfahrungsschatz in meinem Herzen und Kopf. Das schönste daran: Diesen kann mir, egal was auch kommen wird, nichts und niemand nehmen – er lebt weiter in mir und gibt mir den täglichen Ansporn. Es waren die ersten Spiele, an

It all started with a dream. A dream about being part of the Gay Games in 2002 "Down Under" in Sydney, about travelling the world as a literal globetrotter, about experiencing what freedom and self-determination really is about. A dream of living a completely different life. And as I arrived back in my German hometown, waking up from that dream which had actually become true for me, I could not help but rub my eyes in disbelief. Not only had I won the Gay Games' silver for tennis and carried a thousand wonderful memories about the games in my heart and my rucksack. But also did my inner mileage counter prove that I had circled the globe within six months. An adventure captured in my first book which I, the author, was

denen ich mit meinem Team „Abseitz Stuttgart" teilgenommen habe. Schon eine Woche vorher auf dem roten Kontinent angekommen, hatten wir genügend Zeit, uns einzuleben, die Gegend um Sydney zu erkunden und das vorfreudige Prickeln des Countdowns zum heiß ersehnten Start der Gay Games 2002 in uns zu spüren. Bereits beim Registrieren im Rathaus Sydneys konnte man dann schon die ersten Bekanntschaften schließen – und man traf bereits auf die ersten vertrauten Gesichter aus der schwäbischen Heimat. Die Welt ist klein!

Möchte man Sydney während der Gay Games einem Außenstehenden beschreiben, so gelingt das wohl am besten mit einem Wort: Ausnahmezustand. Wenn man in dieser Zeit durch Sydney lief, fühlte man sich wie ein Darsteller in einem schwulen Kinofilm. Der Drehort: Die herrliche Kulisse von Sydney mit der berühmten Oper und Brücke, dazu das sonnige, warme Wetter und an jeder Ecke ein Mann leckerer als der andere. Was für ein Film! Die Luft über Sydney knisterte geradezu vor Vorfreude, interessanter Begegnungen und jeder Menge Spaß. Ein sensationelles schwul-lesbisches Happening, bei dem man beinahe das Gefühl hatte, als

now holding in my hands. And it is these precious memories, snap-shots, souvenirs in my head and my heart that I cherish deeply. No matter what will happen in the future – nobody can ever take them away from me. It is these memories that fuel me and keep me going when I am feeling low.

I had never participated in any of the Gay Games before and I was happy to join the Sydney games with my team from Stuttgart named "Abseitz". As we set foot on the red continent one week prior to the games we had enough time at our disposal to explore the city and its surroundings and to enjoy that tickling feeling that went through our bodies as the countdown for the opening of the Gay Games was ticking louder and louder. Registering for the games in Sydney's town hall turned out to be a good way of getting to know new people but I also, miraculously, bumped into people I already knew – very familiar faces from my hometown in Germany. Small world, eh?

It is really difficult to describe the city's atmosphere during the Gay Games to somebody who has not witnessed and experienced it for her- or himself. But it nevertheless could be done with one expression: a state of

gäbe es ausschließlich homosexuelles Leben auf dieser Welt.

Diese eigentlich nicht zu übertreffende Kulisse wurde jedoch nochmals überboten: In dem Moment, als wir bei der Parade der Nationen in das Olympiastadion einmarschierten. Dies geschah jedoch nicht ganz ohne Vorarbeit. So machten wir uns bereits am Mittag des dritten Novembers alle in Richtung Aussie-Stadion auf, um für die Eröffnungsfeier zu „proben". Im benachbarten Stadion wurde Aufstellung genommen, und die einzelnen Nationen, die mit gleichen Outfits ihre Zusammengehörigkeit unterstrichen, sammelten sich erstmals vollständig zum großen Einmarsch.

Unsere Stuttgarter Truppe maß 70 Teilnehmerinnen und Teilnehmer, alle in blauen T-Shirts: ein wunderbares Bild. Dann, am frühen Abend, steigerte sich die Spannung ins Unermessliche. Aus der Nachbarschaft konnte man schon die ersten Klänge der Eröffnungsfeier herüberschallen hören, und wir wurden zur Aufstellung gerufen. Um selbst dem Warten innerhalb der gespannten Menge von mehr als 12 000 Teilnehmern die richtige Würze zu geben, stimmten wir ein gemeinsames „Hey Baby" an – DJ Ötzi wäre mächtig stolz gewesen.

emergency. True, a very unusual state of emergency indeed. Strolling through the streets of Sydney one simply could not help feeling like an actor in a gay movie. The location: Sydney's picturesque skyline with the famous opera and bridge, all bathed in warm sunlight and so many good-looking, sexy men wherever you turned your head! What a great movie! The air was humming with anticipation, promising encounters and heaps of fun. The Gay Games turned out to be a sensational happening for lesbians and gays that made you feel as if there was nothing but gay life on our planet.

Yet was this already fantastic scenery surpassed as we entered the stadium at the Opening Ceremony at the parade of the nations. But this moment had to be well prepared. Hence, we were all heading, around noon on this memorable day, November 3rd, 2002, for the big "Aussie-Stadium" for our rehearsal. In the stadium next to the Olympic Stadium, we posted ourselves as we were told and thus all nations, wearing their national outfits for identification and disctinction, gathered completely for the first time. Our team from Stuttgart, encompassing 70 female and male participants, was all dressed in blue t-

Dann der heiß ersehnte Augenblick: Unser Startzeichen. Das große Banner mit der Aufschrift „Stuttgart" kündigte uns an der Schwelle ins Stadion an, und ein überwältigendes Gefühl positiver Energie durchflutete mich beim Betreten der hell erleuchteten Arena, in der uns ein Meer aus Lesben und Schwulen Willkommen hieß. Die Eröffnungszeremonie war ein berauschendes Fest schwul-lesbischer Lebenskultur, das sicherlich in seiner Art und Ausführung beispielhaft war und ist.

Doch die eigentlichen Spiele begannen für uns aus sportlicher Sicht erst mit dem Betreten des Tennisplatzes im „Cindra Tennis Park" außerhalb der City. Mit insgesamt fünf verschiedenen Leistungsstufen und je zwischen 64 und 128 Teilnehmern pro Feld, war Tennis eine der bestfrequentierten Sportarten der Gay Games. Mit dem Druck der Nummer eins der Setzliste belegt, verabschiedete ich mich gleich in der ersten Runde gegen einen ungesetzten Australier. Der, wie er später mitteilte, früher als Tennistrainer gearbeitet hat, aber seit Jahren nicht mehr richtig trainiert hat und seinen Leistungsstand überprüfen wollte. Aha!

shirts: what a sight! Then, at dusk, the tension and anticipation finally climaxed. We could hear that the Opening Ceremony had begun and we were called to post ourselves. To get some relief from this enormous tension as we stood waiting for our signal amongst those other 12 000 participants, we started singing that very special German party song "Hey Baby". The original artist, DJ Ötzi, surely would have loved our performance!

Then, there it was: our starting signal. The big banner claiming "Stuttgart" in huge letters announcing our team as we were entering the brightly lit stadium. A sudden rush of positive energy ran through my body as we saw, heard and felt the cheering crowd of thousands of lesbians and gays. The Opening Ceremony turned out to be an intoxicatingly vibrant, absolutely unique festival of gay culture.

And the start of our sporting performance at the Gay Games was yet to come: with our arrival at the courts of "Cindra Tennis Park" out of town. With five different levels of performance and about 64 to 128 players per field, tennis proved to be one of the most popular disciplines. Under the enourmous pressure of being the no. 1 seeded player I

Fast zeitgleich nahm auch der Gegner meines Mannes Stephan seine Sache sehr ernst und kämpfte sich in die nächste Runde. So gingen wir beide, gefrustet vom frühen Ausscheiden und schlechten Abschneiden unseres Teams zielstrebig an einen der zahlreichen Stadtstrände: zum Sonnenbaden und Vergessen. Am nächsten Tag standen die Wettkämpfe im Doppel an, und nachdem wir die Einzel vergeigt hatten, musste jetzt alle Konzentration hierauf gelegt werden. Und: Von Runde zu Runde wurden wir bestätigt! Mit Super-Leistungen, engagierten Matches und den Siegen über unsere Gegner. Bis wir unser Ziel erreicht hatten: einmal im Olympischen Park zu spielen. Dort, wo Steffi und André gespielt haben und Jennifer ihre olympische Goldmedaille gewonnen hat. Der Hauch der Tennis-Geschichte der Olympischen Spiele 2000 wehte noch spürbar über das Gelände, und wir kämpften uns tapfer durch das Viertel- und Halbfinale, um schließlich nur wenige Stunden vor der offiziellen Abschlussveranstaltung der Spiele unser Finalspiel im dritten Satz zu verlieren.

Dennoch: Die Medaille, von der wir anfangs nur im Scherz gesprochen hatten, war errungen. Abgesehen von der

lost the game in the first round against an unseeded Australian, who, as we were to learn later, had worked as a tennis coach and had just wanted to check his fitness at the games. So much for that!

Almost at the same time my boyfriend Stephan was defeated by his opponent who proved to be very ambitious. Hence, it was the frustration about our bad performance and the early dropping-out of our team that drove us to one of Sydney's beautiful beaches. There, we let the sun shine on our battered souls which made forgetting easier. The following day the doubles were on the agenda and since we had performed quite deceptively so far, we really had to focus on the matches to come. And, surprise: we finally did succeed and got from one round to the next, until finally our dream came true. Our dream of playing – once in our lives – at the Olympic Park. Exactly there, in the realm of tennis history, where the German wunderkind Steffi and André Agassi had played and where Jennifer had gone for gold.

The scent of tennis legends of the Olympic Games in 2000 was still lingering in the air as we bravely fought our way through the quarter and semi-finals, just to lose – a couple of hours be-

Gänsehaut beim Jubel der über 40 000 Zuschauer bei der Eröffnungsveranstaltung war die Freude über den zweiten Platz im Tennis-Doppel einer dieser Momente, an den man sich noch Jahre später beim bloßen Schließen der Augen zurückerinnern kann. Und immer wieder überkommt mich dieses unbeschreibliche Gänsehautgefühl.

fore the Closing Ceremony of the Gay Games – our final match in the third set.

But: we had miraculously won the silver medal! That very medal about which we had been making jokes at the beginning of the games. Winning this medal and the thrilling, almost giddyish feeling when confronted with the cheering masses at the Opening Ceremony are those two moments I can still easily recall just by closing my eyes. And again and again I am overwhelmed by this indescribably strong emotion that still makes me go all goose-bumpy.

Zehn Minuten Jimmy Somerville am Ohr...

Calling Jimmy Somerville...

S

Name/first and last name
Jimmy Somerville
Geburtsjahr/year of birth
1961
Stadt/city
Glasgow
Land/country
Schottland/Scotland
Disziplin(en)/discipline(s)
Live Music Act, Eurogames München/Munich

Jimmy, machst du selbst auch Sport? Ja, Rad fahren macht mir großen Spaß und ich fahr' auch recht viel. Und ich geh' ins Fitness-Studio. Früher war Kickboxen mein Ding, aber ich irgendwann hab' ich damit aufgehört. Und ich weiß nicht einmal genau, warum...

Welche Sportart schaust du dir am liebsten an? Nun, obwohl ich kein ausgesprochener Fußball-Fan bin, schaue ich mir dennoch gerne die Spiele an. Und ich hab' es total genossen, die Olympischen Spiele in Athen zu verfolgen. Dabei hab' ich mich auf keine besondere Disziplin spezialisiert – ich fand das Ganze ziemlich spannend.

Was hat dich bei den GayGames 2002 in Sydney oder den Eurogames 2004 in München besonders fasziniert? Mich hat dabei besonders beeindruckt, wie unglaublich viele Menschen dort zusammenkamen. So viele Teilnehmer

Jimmy, are you a sportsman yourself? I'm into cycling. I cycle a lot. And I go to the gym. When I was younger, I used to do kickboxing. But I stopped and I don't really know why...

What's your favorite sport to watch? Well, I am no football fan, but I like watching football. And I loved seeing the Olympics in Athens. No special discipline. I just liked everything there.

What was your most powerful impression at the GayGames in Sydney 2002 or the Eurogames 2004 in Munich? I was impressed by so many people coming together. A really great unity and there were so many participants.

...and the moment that touched you most? This was, when the participants came into the stadium.

– und so ein großartiges, harmonisches Miteinander.

…und welcher Moment hat dich dabei am meisten berührt? Das war definitiv der Einmarsch der Sportler in das Stadion.

Interessant! Also nicht deine eigene live Bühnen-Performance? Nein, definitiv nicht, weil das etwas ganz anderes ist. Ich kann und möchte das nicht miteinander vergleichen. Der Moment, der mich am stärksten berührte, war, als diese unglaublich vielen Sportler ins Stadion einliefen.

Was hältst du, ganz allgemein gefragt, von Sportveranstaltungen für Lesben und Schwule? Diese Events sind eine gute Sache. Es ist immer gut, sich an anderen zu messen – und das gilt nicht nur für Schwule oder Lesben. Denn die Motivation ist doch bei jedem gleich: Jeder möchte gewinnen. Egal, ob schwul oder lesbisch – das gilt für jeden. Ich glaube, dass solche Events die Menschen einander näher bringen.

Interesting, so it wasn't your own performance on stage? No, no, because this is something completely different. I don't want to compare it. I really got touched by the amount of sportspeople walking in.

What do you generally think of gay and lesbian sports events? It is a good thing. It is good to compete and that is not only gay and lesbian. The motivation is the same desire to win – for everybody. Not just for gays and lesbians. I think these events bring everybody together.

Let's take the GayGames and Eurogames: value or damage for the community? No damage done with that. I think it is good visibility. And events like these show the diversity of the community. And that's of value, of course.

Have you plans for participating yourself one day? (laughs) – No. NO!

Cycling maybe?! The number of starters might increase dramatically with your participation! (keeps laughing)

Und jetzt das Ganze am Beispiel der GayGames und der Eurogames: Bereicherung oder eher Schaden für die Community? Nein, ich glaube nicht, dass sie der Community schaden. Sie helfen, Homosexualität für andere sichtbar zu machen. Und sie zeigen, wie unglaublich vielfältig und farbenfroh die Community ist. Und das ist selbstverständlich wichtig und gut so.

Planst du, selbst einmal als Sportler dabei zu sein? (lacht) – Nein. NEIN!

Radfahren vielleicht?! Wenn du mit von der Partie wärst, würden die Teilnehmerzahlen sicher in die Höhe schnellen! (lacht immer noch)

Hast du selbst in Sydney und in München Sportler kennen gelernt? Und sind so vielleicht neue Freundschaften entstanden? Ich war dort mit meinen Freunden unterwegs. Aber es war nett, sich mit den Leuten zu unterhalten: über ihre Medaillengewinne zum Beispiel... Aber daraus sind keine wirklichen neuen Freundschaften entstanden. Ich hab' einfach diese gewisse Leichtigkeit und Unverbindlichkeit der Gespräche genossen.

„Es sollte keine Community mehr geben müssen“
“There shouldn’t be the need for a community”

Wirst du 2006 in Chicago bei den GayGames oder in Montréal bei den Outgames dabei sein? Ich glaube nicht, dass ich dort dabei sein werde. Zumindest ist bislang noch nichts geplant.

Nun, dann nehmen wir mal an, du hättest die Gelegenheit, aufzutreten: Würdest du in Chicago oder in Montréal singen? (lacht) Ich würde bei beiden Events auftreten, wenn das ginge!

Ist dein Publikum bei den schwul-lesbischen Sportveranstaltungen, bei denen du dabei warst, ein anderes als normalerweise bei deinen Konzerten? Ja, natürlich – weil es eben kein Konzert, sondern ein Sport-Event war. Die Leute sind in erster Linie ja nicht gekommen, um mich zu sehen. Daher war das Publikum auch so bunt gemischt – ein Riesen-Publikum.

Und last but not least: Hast du selbst eine Art Vision, was die schwul-lesbische Community angeht? Meine Vision ist die, dass es keine Community mehr gibt.

Sorry, aber was genau meinst du damit? Nun, das soll folgendes heißen: Meine Mitmenschen sollen mich ein-

Did you happen to meet participants in Sydney and Munich? And did it result in lasting relationships? I have been there with my own friends but it was nice chatting with people about how they won a medal and so on. But nothing longer lasting. I enjoyed the easiness of talks.

Will you go to either Chicago or Montréal for the GayGames or Outgames in 2006? I don't think I'll go there. Nothing is planned so far.

Well, then let's assume you had the chance to go: would you sing in Chicago or Montréal? I would go to both, if possible! (laughs)

Is there a difference between the audience at the gay-lesbian sports events you joined and the people you usually play for? Yes, because it was no music event. It was sports. People didn't come to see me. So there was a broad audience – a huge audience.

Last but not least: do you personally have a vision of the gay-lesbian community?
My vision is, that there is no community anymore.

fach so wie ich bin als ihren Mitmenschen akzeptieren – und meine Sexualität darf dabei nichts zur Sache tun.

Wow, das ist in der Tat eine schöne Zukunftsvision! Nun, ich bin eben ein Optimist!

Danke für das Interview, Jimmy –und dir weiterhin viel Spaß und Erfolg mit deiner Musik! Danke! War nett, mit dir zu plaudern.

Sorry, what do you mean with that? Well, I would love that my neighbor sees me as his neighbor and not according to my sexuality.

Wow, that's what I call a really good vision! Well, I am optimistic!

Thanks for the interview, Jimmy – and have fun and success with your music! Thank you! It was fun talking to you.

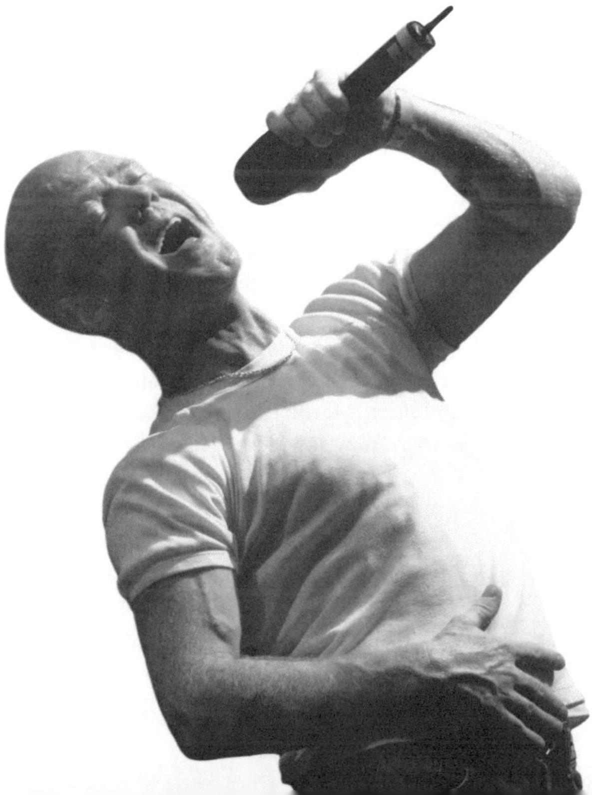

Den Löwen die Zähne gezogen

How we made the lions grind their teeth

S

Name/first and last name
Andreas Stiene
Geburtsjahr/year of birth
1964
Stadt/city
Köln/Cologne
Land/country
Deutschland/Germany
Team/team
Cream-Team-Cologne
Disziplin(en)/discipline(s)
Fußball/football
Medaille(n)/Medal(s)
Gold/gold

Ich spiele seit der Gründung der Fußballelf Cream-Team-Cologne (SC Janus e.V.) im Jahre 1992 als Libero in dieser wohl erfolgreichsten schwulen Fußballmannschaft in Deutschland: Bei den Gay Games 1994 in New York und 1998 in Amsterdam haben wir jeweils Gold und in Sydney 2002 Bronze geholt. Aber diese Erfolge machen nur einen kleinen Teil der Erfolgsgeschichte aus, denn darüber hinaus ist es uns als Team wichtig, uns auch außerhalb der schwul-lesbischen Sportszene für gemeinnützige Projekte zu engagieren. Unser alljährliches Highlight ist sicherlich das 1995 von mir ins Leben gerufene Benefiz-Fußball-Turnier Come-Together-Cup, bei dem unser Team als Gastgeber fungiert (mehr dazu unter: www.come-together-cup.de).

Da wir vom Cream-Team-Cologne allesamt Fußballer aus Leidenschaft sind, war es für uns natürlich von vornherein klar, bei den EuroGames in Mün-

I have played football as a sweeper since the the formation of our team Cream-Team-Cologne (the men's football division of SC Janus e.V.) in 1992 – Germany's most successful gay football team: we went for gold at the Gay Games in New York in 1994, in Amsterdam in 1998 and we got bronze in Sydney in 2002. But our history of success goes far beyond winning medals because it is very important for us not only to commit ourselves to the gay and lesbian sporting scene but also to commit ourselves socially to various charitable projects. Undoubtedly, our annual highlight is the the Come-Together-Cup, a charity football tournament that

chen wieder mal vollen fußballerischen Einsatz zu zeigen. Was allerdings nicht heißt, dass ich persönlich Sportveranstaltungen für Schwule und Lesben unkritisch gegenüber stehe. Momentan halte ich diese Art schwul-lesbische Veranstaltung gesellschaftlich noch für angebracht, wobei ich langfristig gewisse Zweifel daran habe. Das Ganze ist zweischneidig. Einerseits gibt es hierbei unbestritten den hohen Wohlfühlfaktor, unter seinesgleichen sportliche Wettkämpfe auszutragen. Andererseits entspricht das Teilnahmekriterium „sexuelle Orientierung" überhaupt nicht meiner Vorstellung von umfassender, gegenseitiger Toleranz und Akzeptanz, da es für die soziale wie sportliche Abschottung von Schwulen und Lesben steht. Daher weiß ich wirklich nicht, ob es auf lange Sicht in unsere moderne Welt passt, einen auf schwule und lesbische Teilnehmer begrenzten Sport-Event, quasi unter Ausschluss aller anderer Gesellschafts- und Bevölkerungsgruppen, abzuhalten.

Aber nun zurück zu München: Natürlich hatte ich wieder einmal sehr hohe Erwartungen an die EuroGames, weil ich weiß, was Sport in Verbindung mit Show-Elementen und guter Organisation für die Community bewirken

I founded in 1995 and which has been hosted by Cream-Team-Cologne ever since (for more details see www.cometogether-cup.de).

As our team consists of extremely passionate football players it was clear from the very start that we would join the 2004 EuroGames in Munich, summoning up all our athletic strength on the football pitch. However, this does not mean that I am uncritical of such a sporting event like the EuroGames in general. At present, I think that such events exclusively designed for gays and lesbians are still appropriate to today's society – but I strongly doubt the game's suitablity on a fairly long-term basis. I have ambiguous feelings about the games. On the one hand, it feels great to be with 'people of our kind' and to compete with each other. Yet, on the other hand, the criterion for participation is "sexual orientation" and does not correspond with my idea of encompassing mutual acceptance and tolerance – because it is a personal 'label' that socially and athletically segregates at the same time. Therefore, I am not sure if sporting events that are exclusively designed for gay and lesbian athletes are apt to promote tolerance and acceptance, because they exclude all other groups of society.

kann. Und hier muss ich ganz klar sagen, dass meine Erwartungen an München insgesamt sogar übertroffen wurden. Das Schönste an den EuroGames in München war neben dem grandiosen Wetter die unglaublich entspannte und kommunikative Atmosphäre. Und was locker und entspannt rüberkommen soll, muss unglaublich gut geplant sein – so waren die organisatorischen Abläufe, wie zum Beispiel die Registrierung, so gut wie noch nirgendwo zuvor.

Neben der allgemein sehr guten Organisation fand ich auch die Eröffnungsfeier der Spiele sehr beeindruckend für EuroGames-Verhältnisse. Meiner Meinung nach reichte das sogar fast an Amsterdam oder sogar an die Gay Games in Sydney heran. Und mein persönliches Highlight bei der Eröffnung war der Tanz der Rolli-FahrerInnen. Auch Münchens Oberbürgermeister Ude machte bei der Eröffnung einen sehr sympathischen und aufrichtig begeisterten Eindruck. Und vieles, was er sagte, fand ich mutig und mitunter fast visionär. Bemerkenswert war in meinen Augen auch, dass die Stadt offenbar sehr hinter der Ausrichtung der Spiele stand.Überhaupt scheinen die EuroGames seit Zürich mit jedem Mal besser und besser zu werden. Vor Zürich war

But let's get back to Munich again. Naturally, as always, my expectations concerning the EuroGames were high because I know that this combination of sports, show and an event that runs as planned is something the community benefits from. And dare I say: my expectations were even surpassed. What I liked most about Munich, apart from the perfect sunny weather, was the incredibly relaxed and communicative atmosphere.

And we all know: when something is to come across very relaxedly and laid back, it has to be meticulously planned – and that was true for Munich, where registration and other organizational matters were masterpieces of supreme organization.

Apart from those organizational matters it was also the game's opening ceremony that made a huge impression on me, reminding me of the ceremonies in Amsterdam and Sydney at the 2002 Gay Games. I loved the dance of the wheelchair users at the ceremony best – what a wonderful choreography! And I also liked the appearance of Munich's mayor, Mr. Ude, who was really nice and seemed to be sincerely enthusiastic about the games. I also liked what he had to say which was not only brave but almost visionary at times.

es mit der Organisation nicht allzu weit her. Aber in München konnte man schon im Vorfeld sehen, dass da etwas Besonderes geboten werden würde – noch nie ist man vorab durch E-Mails, Flyer oder Zeitschriften so umfassend über die Veranstaltung informiert worden.

Auch was den sportlichen – fußballerischen – Teil der Spiele in München angeht, war ich sehr angenehm überrascht. Denn noch nie, außer vielleicht in Amsterdam, gab es so gute Fußballfelder. Es war wirklich das reinste Vergnügen, auf diesem Untergrund zu spielen. Und dass wir die Goldmedaille gegen unsere ewigen Konkurrenten, die London Lions, gewinnen konnten, war für uns natürlich das absolute Sahnehäubchen!

Aber es muss an dieser Stelle auch etwas Kritik erlaubt sein: Ein Wermutstropfen waren die Fußballturnier-Siegerehrungen, die recht lieblos inszeniert waren. Absolut klasse fand ich daher, wie die Frauen vom Team CoCo Cologne uns bei der Siegerehrung gefeiert haben und plötzlich „Viva Colonia" anstimmten – und dann fast alle mitgesungen haben. Das war besonders bewegend, weil es ansonsten während des Turniers nur wenig Kontakt zwi-

Moreover, it seemed to me that the city of Munich really committed itself to hosting the EuroGames and – generally speaking – the games have gotten better and better since Zurich where organizational matters were lacking perfection. But Munich was definitely different as you could already see in the run-up to the games where you were kept very well informed via e-mail, flyers and magazines.

Now, turning to the sportive aspect of the games, football, I was also extremely pleasantly surprised. Never before – well, except for Amsterdam maybe – had there been such great football pitches, which made playing sheer pleasure. And finally, the fact that we defeated our eternal rival, the London Lions, was the icing on the cake!

Yet, there are some things that need to be critically mentioned: The football tournament's presentation ceremonies were – well – a little disappointing. They could have been prepared and staged with a little more loving care. Bearing this in mind, it almost knocked me off my feet when I heard the women of the team CoCo Cologne cheering for us at the presentation ceremony, singing "Viva Colonia" – and all the others joined in. This was definitely one of my Munich highlights, all the more as there

schen den Frauen- und Männer-Teams gab, was ich immer sehr bedauere.

Leider hatte auch die Abschlussveranstaltung der EuroGames ihre Schwächen. Da standen für meine Begriffe einfach zu viele Leute auf der Bühne, und jeder wollte irgendwie zu Wort kommen. Auch die Challenge-Cup-Preisübergaben waren sehr schlecht vorbereitet und gingen leider ohne viel Herz über die Bühne. Aber das alles tat der guten Stimmung im Publikum keinen Abbruch. Schließlich waren alle von der Gesamtveranstaltung schwer beeindruckt und haben dies auch so bekundet. Hinzu kommt, dass die Seebühne an sich ein sehr stimmungsvoller Ort war und so die eine oder andere dramaturgische Panne wett machte.

Ob ich bei den Out Games in Montréal oder an den Gay Games in Chicago 2006 dabei sein werde, weiß ich noch nicht, weil ich es einfach haarsträubend finde, dass sich die Verbände und Organisatoren derart zerstritten haben – da sind einfach zu viele Sportpolitiker am Werk. Ich tendiere derzeit eher zu Montréal. Aber jetzt genieße ich erst einmal unser tolles Resultat von München.

had not been much interaction and exchange between the men's and women's teams during the games, which I regret.

The closing ceremony also was not flawless as for preparation and stage performance. In my opinion, there were simply far too many people crowding the stage with everybody wanting to say something. But this could not spoil the atmosphere as we all were, generally speaking, quite impressed by the event – and hence we let our enthusiasm show. In addition, the Seebühne – the stage located by the lake – turned out to be a wonderful, picturesque location and clearly made up for the show's flaws.

Will I make it to the OutGames in Montréal or to the Gay Games in Chicago in 2006?

I honestly do not know yet. I was devastated when I first heard about all this struggling and fighting between the organizers, the different associations and the hosting cities. In my eyes, this is a typical example of too many cooks spoiling the broth. At present, I would rather opt for Montréal. But right now I am somewhat still living in the past, recalling those wonderful days in Munich and enjoying our team's great success.

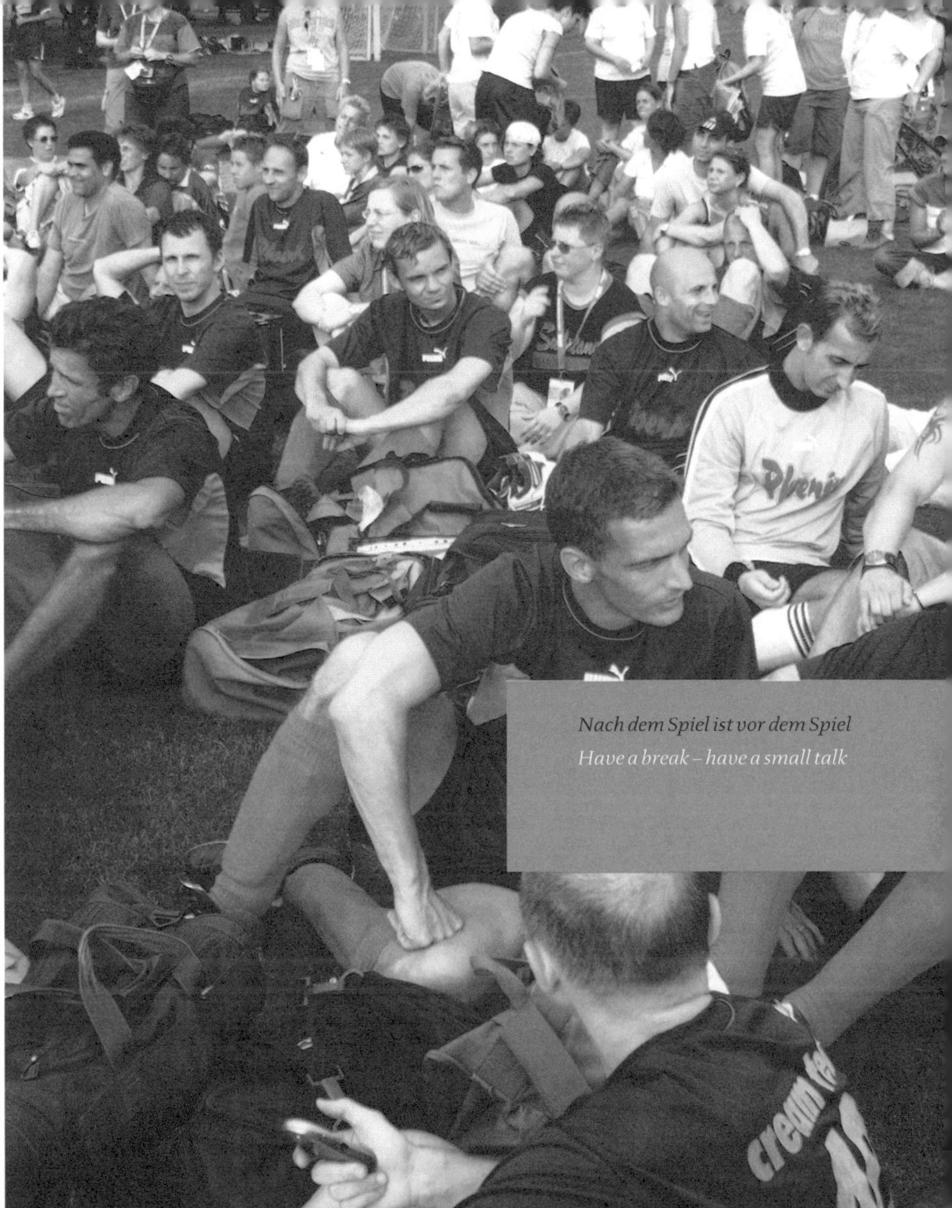

Nach dem Spiel ist vor dem Spiel
Have a break – have a small talk

Eins. Zwei. Triathlon.

One. Two. Triathlon.

Name/first and last name
Stanislav Dimitrov Tanchev
Geburtsjahr/year of birth
1975
Stadt/city
Sofia
Land/country
Bulgarien/Bulgaria
Team/team
Tangra
Disziplin(en)/discipline(s)
Triathlon & Leichtathletik (1500 m)
triathlon and track & field (1500 m)
Medaille(n)/Medal(s)
2-fach Silber/silver (twice)

Sport hat mich schon immer fasziniert: als Zuschauer und als aktiver Sportler. Kurz vor meinem zwanzigsten Geburtstag beschloss ich, meiner Begeisterung für Marathon freien Lauf zu lassen und begann, selbst zu trainieren. 1994 wagte ich mich zum ersten Mal an den Start. Fünf weitere, national ausgerichtete Marathonläufe in Bulgarien kamen in den nächsten Jahren hinzu, bei denen ich mich jedes Mal aufs Neue herausforderte und an meine Grenzen ging. Die aktuelle magische Zahl hierzu ist: 2 Stunden, 48 Minuten – meine momentane persönliche Bestzeit.

Klar, dass ich beim nächsten Marathon wieder versuchen werde, schneller zu laufen, um meine Bestzeit zu überbieten. Denn jetzt, wo ich einmal damit angefangen habe, komme ich aus dieser Bestzeit-Spirale gar nicht mehr heraus. Selbst wenn ich eine Zeit gelaufen bin, die ich vor dem Marathon nie für möglich gehalten hätte, ist diese immer noch nicht gut genug. Schon beim nächsten

As far as I can remember, I have always been a big fan of sports. Before I turned twenty, I decided to take my fascination for marathon to the street myself and I started training. My first try was in 1994 and five more Bulgarian national marathons followed in which I challenged myself and tested my personal running skills, culminating in a telling figure: 2.48 hrs – my personal best.

Naturally, in my next marathon I'll again try to run faster to outdo my current best. It is a kind of vicious circle you get into once you've started the marathon thing: even if you do better

Marathon will ich mir und der Welt wieder beweisen, dass noch mehr geht. Nun, wir werden sehen: mein nächster Marathon steht quasi schon vor der Tür. Mit 24 schlug ich mit Schwimmen und Radfahren ein weiteres sportliches Kapitel auf. Und dreimal dürft ihr raten, was dann als nächste Herausforderung kam: der Triathlon natürlich!

Eines Tages, als ich mich mit diversen Suchmaschinen durchs Internet kämpfte, stieß ich endlich auch einmal auf einige Sites für schwule Sportler und Sportinteressierte. Und genau dieser Tag war quasi auch die Geburtsstunde meiner eigenen schwulen Sportlerkarriere. Von da an ging alles sehr schnell: Sofort setzte ich mich mit dem EGLSF (European Gay & Lesbian Sport Federation) in Verbindung, und Anfang 2003 gründete ich „Tangra", Bulgariens erster Sportverein für Schwule. Im gleichen Jahr nahm ich an den EuroGames in Kopenhagen teil und lief dort die 10 km mit. Natürlich wäre ich auch gerne 2002 in Sydney bei den Gay Games dabei gewesen, aber damals war das ein Ding der Unmöglichkeit – weil ich es mir schlichtweg nicht leisten konnte. Dazu eine Zahl: In Bulgarien liegt das monatliche Durchschnittsgehalt bei sage und schreibe 159 Euro, und in den ländlicheren Gebieten verdient man sogar weit weniger...

than you ever would have expected, it's not enough. The next marathon makes you try even harder because you somewhat want to beat yourself and your 'old' personal best. Well, we'll see: my next marathon is coming up. At the age of 24 I took up swimming and biking. Adding my marathon experience, you can easily guess which of the grand disciplines was next on my sportive schedule: the triathlon.

One day, as I was surfing the internet by the help of search engines, I finally found a couple of gay sport sites – and that was the beginning of my gay sporting career. I immediately got in touch with the EGLSF (European Gay & Lesbian Sport Federation), and in early 2003 I founded "Tangra", the first gay sports club in Bulgaria. Also in 2003, I took part in the EuroGames in Copenhagen in the 10 km run. I would have loved to attend Sydney's Gay Games in 2002 but at that time it was impossible for me to go there as I could not afford the trip. To understand this, you must know that the monthly average salary in Bulgaria is about 150 euro, and in the more rural areas it's even much less...

However, what really counts is that I am now surrounded by a steadily

Was für mich jedoch persönlich sehr wichtig ist, ist die stetig wachsende Zahl schwuler Sportbegeisterter und aktiver Sportler in meiner Heimatstadt Sofia. Dank des Engagements vieler wunderbarer Menschen wie zum Beispiel Peter Moews, Gründer von Europas erstem Schwulen-Sportverein „Janus" und Mitbegründer des EGLSF in den 80er Jahren. Doch damit nicht genug, denn Dank seines hervorragenden Organisationstalents konnten 23 Sportler aus Bulgarien in acht verschiedenen Disziplinen bei den EuroGames in München teilnehmen. Und natürlich haben wir dort nicht nur sportlich unser Bestes gegeben, sondern hatten auch genügend Zeit und Gelegenheit, die gesamte Veranstaltung und die großartige, positive Stimmung vor Ort in vollen Zügen zu genießen.

Hinzu kommt, dass mich der hochprofessionelle Ablauf dieses Riesen-Events persönlich sehr beeindruckt hat, und es war herrlich, überall in der Stadt diese orangefarbenen Rucksäcke herausleuchten zu sehen: Es lag so viel Freude und Lebenslust in der Luft, es war einfach herrlich! Mein ganz persönliches München-Highlight war allerdings der Triathlon über die olympische Distanz. Das war ein ganz besonderes

growing number of gay sport fans and athletes in Sofia: wonderful people like Peter Moews, the founder of Europe's first gay sport club, "Janus", who also participated in founding the EGLSF in the 1980s.

Thanks to his great organizing skills, Bulgaria had a group of 23 participants competing in eight different disciplines at the EuroGames in Munich. And not only did we do our best competing, our team also enjoyed Munich and its wonderful, uplifting spirit very much. Plus, I was deeply impressed about the perfect organization of this huge event and I simply loved spotting all those orange backpacks all over the city: the atmosphere was so gay – and lesbian, of course!

My personal Munich highlight was my participation in the triathlon, Olympic distance. It was very special in many ways. Let me tell you what happened.

The triathlon race was scheduled to start at 9:30 a.m. at the Olympic regatta complex on Saturday, the 31st of July. A very early starting time for someone like me who was staying in a hotel located quite far away from that site. And as the previous days had been quite busy and stressful, I overslept that very

Erlebnis – besonders in vielerlei Hinsicht. Aber nun ganz der Reihe nach.

Der Start des Triathlons war für den Samstagmorgen des 31. Juli, 9:30 Uhr, auf dem ehemaligen olympischen Regatta-Gelände angesetzt. Und das war eine recht frühe Startzeit für jemanden wie mich, der ziemlich weit weg vom Austragungsort in einem Hotel untergekommen war. Und da die Tage zuvor auch recht aufregend, voll gepackt mit Terminen und daher recht stressig gewesen waren, verschlief ich an diesem denkwürdigen Morgen.

Daher musste ich in der Eile und Hektik meinen Neopren-Anzug im Shuttle-Bus auf dem Weg zum Olympia-Gelände anziehen, was schon eine recht komische Angelegenheit war.

Hinzu kommt, dass ich noch nie zuvor einen solchen Anzug zum Schwimmen getragen und ich ihn mir gerade erst am Vortag in einem Münchener Laden gekauft hatte. Dafür musste ich zwei ganze Monatsgehälter hinblättern.

Zufällig traf ich einen Triathlon-Trainer im Bus, der mich ansprach und mir berichtete, dass ich wohl der einzige Triathlon-Teilnehmer wäre, der jetzt noch unterwegs sei. Alle anderen Sportler wären längst schon vor Ort. Ich war fix und fertig, als ich das hörte! Aber die-

morning. Thus, I had to take on my wet suit while riding the shuttle bus – a funny thing to do anyway. I had actually never worn a wet suit for swimming before and I had just bought it the previous day in a shop in Munich: it had cost me two entire monthly salaries. By pure chance, I met a triathlon coach from Munich on the shuttle and he told me that I was the only triathlon participant riding the bus. All the other athletes had taken earlier shuttles to get to the Olympic regatta complex in time. I was shattered! But the friendly coach got me out of the jam. When we arrived at the sporting site, he spoke to the organizers and persuaded them to make an exception by allowing my participation although I had arrived late, just 20 minutes before the start. That was lucky!

Next, I had to face another problem: my bike. It had not really appreciated travelling on the plane to Munich – the tires were without air, the pedals gone and the brakes didn't work. So I had to fix it all which wasn't easy because I didn't have any tools with me. Just a couple of minutes before the triathlon's start, my bicycle pump broke while I was trying to inflate the tires. Fortunately, one of the participants gave me

ser freundliche, sichtlich besorgte Mensch half mir aus der Klemme. Denn am Austragungsort angekommen, sprach er sogleich die verantwortlichen Organisatoren an und überredete sie, doch ausnahmsweise meine Teilnahme am Triathlon trotz meiner Verspätung noch zuzulassen. In nur 20 Minuten sollte der Startschuss fallen – und ich durfte mitlaufen. Glück gehabt!

Aber kurz darauf gab es das nächste Problem: mein Fahrrad. Die Flugreise von Bulgarien nach München hatte ihm offensichtlich nicht wirklich gut getan. Die Reifen waren platt, die Pedale komplett weg und die Bremsen funktionierten auch nicht mehr. So musste ich mich sofort ans Reparieren machen, was gar nicht so einfach war, weil ich kein Werkzeug bei mir hatte. Nur wenige Minuten vor dem Start ging dann auch noch meine Luftpumpe kaputt. Zum Glück lieh mir ein anderer Teilnehmer die seine. Wieder andere halfen mir, mein Fahrrad zu reparieren. Und das obwohl sie alle gleich selbst auch an den Start gehen mussten!

Und dann geschah ein kleines Wunder: Der Start wurde verschoben! Nichts in der Welt hätte mich in diesem Moment glücklicher machen können. Mir wurde bewusst, dass ich so nun doch am

his and some other athletes helped me repair my bike, although the race was just about to start!

And then, believe it or not, the start was delayed. I couldn't have been luckier! I realized that I'd be able to participate in the race after all and I calmed down. But the very minuted I relaxed, a coach approached me, reporting that the back tire of my bike was flat again and that all the other athletes were already on their blocks. I took off my wet suit and all of a sudden, I felt nothing but tired, exhausted and desperate. I felt like crying. Yet, I somehow got myself together again and asked every person around me if they had an extra tire. But nobody had one. Seconds later – acting on a sudden impulse – I found myself running up to the announcer, asking him for help. Next, he made an announcement, describing my problem.

And then, wonders will never cease, some guys came up to me, urging: "Get dressed again! Go, put on your wet suit and get yourself ready for the starting signal! When you get out of the water, your bike will be ready!" Was I dreaming? Could this possibly be real? I simply couldn't believe it! There I stood in my new neoprene: I was back

Triathlon teilnehmen konnte, und ich wurde innerlich endlich etwas ruhiger. Aber just in diesem Moment, als mir gerade ein Stein vom Herzen gefallen war, kam ein Trainer mit der nächsten Hiobsbotschaft auf mich zu: Mein Hinterreifen war schon wieder platt. Und all die anderen Teilnehmer standen quasi bereits in den Startlöchern. Ich zog also meinen Neopren-Anzug wieder aus und fühlte, wie eine unendliche Müdigkeit und Verzweiflung in mir aufstieg. Mir war zum Heulen. Doch irgendwie raffte ich mich in diesem Moment dann doch noch auf und fragte sämtliche Leute um mich herum, ob sie vielleicht einen Ersatzreifen für mich übrig hätten. Doch keine Chance. Dann, plötzlich, sah ich mich – einer spontanen Eingebung folgend – auf den Stadionsprecher zurennen und bat ihn um Hilfe. Mit einer Durchsage machte dieser nun meine Misere publik.

Und Wunder gibt es doch immer wieder. Denn kurz darauf steuerten einige Jungs laut rufend und gestikulierend auf mich zu: "Zieh dich wieder an! Zieh deinen Neopren-Anzug an, geh' sofort auf Startposition! Wenn du aus dem Wasser kommst, sind wir mit deinem Rad soweit, versprochen!" Träumte ich? Konnte das wirklich wahr sein?

in the game! And, just for the record: swimming with a wet suit for the first time in my life felt really great. All in all, I wouldn't want to miss this adventurous sporting experience. I wouldn't want to miss all these moments of luck, joy, despair and – last but not least – the moment I was awarded the silver medal. I will never ever forget this triathlon. It has been the biggest and most challenging competion in my life so far. Challenging in many ways, believe me! Thanks Munich! Thanks to the people of Outreach for enabling me to participate! And thanks to all those who made my EuroGames triathlon such a memorable and precious experience!

Ich konnte einfach nicht glauben, was hier geschah! Da stand ich nun in meinem neuen Anzug – back in the game!

Und, das nur am Rande, mein „erstes Mal" im Wasser mit meinem nagelneuen Schwimmdress war einfach wunderbar – ich schwamm besser und schneller denn je.

Wenn ich heute auf das Chaos dieses denkwürdigen Triathlon-Tages zurückblicke, muss ich sagen, dass ich diese Erfahrung nicht missen wollte. Ich wollte keinen dieser Momente emotionaler Achterbahnfahrt missen: all diese Glücksmomente, diese Freude, dieses schier unglaubliche Glück, diese Augenblicke der Verzweiflung und schließlich der krönende Moment, als ich die Silbermedaille umgehängt bekam. Diesen Triathlon werde ich immer in Erinnerung behalten, nicht zuletzt, weil er die größte sportliche wie persönliche Herausforderung in meinem bisherigen Leben darstellt. Eine echte Herausforderung – und das in jeder Hinsicht! Was bleibt mir jetzt noch zu sagen? Danke München! Danke auch an die Leute von Outreach, die es mir überhaupt ermöglicht haben, in München dabei zu sein. Und „Danke!" an all diejenigen, die meinen EuroGames Triathlon zu jenem wunderbaren und denkwürdigen Erlebnis gemacht haben!

sports the
eurogames
munich 04

munich
INFO-POINT

Die EuroGames gehören einfach aufs Siegertreppchen!
The Eurogames – definitely No. 1 on the podium!

t

Name/first and last name
Mark Tewksbury
Geburtsjahr/year of birth
1968
Stadt/city
Montréal
Land/country
Kanada/Canada
Disziplin(en)/discipline(s)
Aktivist, Freiwilliger Helfer, Funktionsträger und Künstler
activist, artist, official and volunteer

Sport spielt bereits seit meinem achten Lebensjahr eine große Rolle in meinem Leben. So kam es auch, dass ich bei insgesamt sechs Olympischen Spielen dabei war. Davon ein Mal nur als Zuschauer, zwei Mal als Profi-Schwimmer mit jeweils einer Gold-, Silber- und Bronze-Medaille im Gepäck sowie weitere zwei Mal als Mitglied der IOC-Familie und ein weiteres Mal als Medienvertreter. Ich war bei den Gay Games in Sydney 2002 dabei und auch die Olympischen Spiele 2004 in Athen – wirklich großartige Spiele – habe ich mir nicht entgehen lassen. Es ist schon unglaublich, wie sehr sich die Olympischen Spiele in den vergangenen 100 Jahren verändert und weiterentwickelt haben. Gut, natürlich mussten sie das auch, um in unserer Zeit überhaupt noch bestehen zu können. Vor München war ich noch nie bei den EuroGames dabei gewesen, und diese Spiele haben mich mit ihrer herzlichen Atmosphäre und diesem wunderbaren Sportsgeist von An-

I have been involved in sport since I was eight years old. I have been to six Olympic Games: one as a spectator, two as a professional swimmer – winning gold, silver and bronze. Two as a member of the IOC family, and one as as a representative of the media. I also went to the 2002 Gay Games in Sydney and to the 2004 Olympic Games in Athens, Greece, which was a great games. It is incredible how much the Olympics have changed and evolved over the past 100 years. Well, they had to in order to survive. I was at my first EuroGames in Munich and was completely seduced by the warmth and spirit of the event. It was an unforgettable experience as well. It was wonder-

fang an in ihren Bann gezogen – ein wirklich unvergessliches Erlebnis. Einfach herrlich zu sehen, dass sich so viele im Schwulen- und Lesbensport engagieren!

Meine Teilnahme an den Eurogames in München hieß für mich aber auch, mehrere Funktionen gleichzeitig wahrzunehmen – eine große Ehre und Freude. Zum einen war ich in meiner ursprünglichen Funktion als Vize-Präsident der Spiele in Montréal 2006 – meine offizielle Rolle während der EuroGames in München. Daher war es meine Aufgabe, möglichst viele Sportveranstaltungen zu besuchen und zu schauen, wie das Ganze organisiert wurde, welche Locations als Austragungsorte gewählt worden waren, wie es mit den öffentlichen Verkehrsmitteln und Shuttles funktionierte etc. Doch je mehr Leute ich traf, die in irgendeiner Form mit den EuroGames zu tun hatten, desto mehr Potenzial und Aufgaben sahen wir auf einmal für mich als einer der wenigen geouteten Profi-Sportler überhaupt. So kam es, dass ich während der EuroGames in München gleich in mehrere Rollen schlüpfte – und jede für sich war ein großartiges Erlebnis für mich.

Als Repräsentant der GLISA (Gay and Lesbian International Sport Associ-

ful to see that there are so many people involved in gay and lesbian sport!

With my participation in the 2004 EuroGames in Munich I performed several functions – which was a great honor and pleasure. First, my original, official role was being there as the Co-President of Montréal 2006. In this capacity I visited many of the sport venues to see how the competition was being organized, what venues were being used, how transportation worked and so on. But the more people I met who were involved with the EuroGames, the more opportunity we saw as I was one of the few openly gay sport champions. As a consequence, my roles at the Munich EuroGames became very diverse – but I had a great experience in all of them.

Second, I was also representing GLISA, the Gay and Lesbian International Sport Association. In this role I was working the booth in the Rainbow Village, meeting many participants and athletes. Only a few hours after landing in Munich I had also given a presentation to the Amerika Haus in Munich on the history of LGBT (Lesbian Gay Bisexuals and Transgendered People)

ation) arbeitete ich an einem Stand im Rainbow Village, wo ich viele Kontakte zu Sportlern, Helfern und anderen Mitwirkenden knüpfte. Und bereits wenige Stunden nach meiner Landung in Deutschland hatte ich im Rahmen des kulturellen Programms im Amerika Haus in München einen Vortrag über die Geschichte der Rechte von Menschen aus der LGBT-Community (Lesbian, Gay, Bisexuals and Transgendered People) in meiner Heimat Kanada gehalten.

Meine liebste Rolle während der Spiele war unbestritten die des Co-Moderators der Eröffnungszeremonie, bei der ich gemeinsam mit der deutschen Schauspielerin und Sängerin Isabel Varell durchs Programm führen durfte. Bei dieser Veranstaltung war ich mit Isabel insgesamt über drei Stunden live auf der Bühne – und erlebte die bewegendste, elektrisierendste Show meines Lebens. Was für ein unglaublicher Kick und was für eine Ehre, dort auf der Bühne unsere Community zu feiern. Und die nicht enden wollende La-Ola-Welle vor der viel gerühmten Rede des Münchener Oberbürgermeisters Christian Ude war ein weiteres wundervolles Highlight!

Schließlich war ich aber auch als Privatperson, als Mark Tewksbury, der ehemalige olympische Champion im Schwimmen, in München dabei. Und in dieser „Funktion“ hatte ich die große

rights in my native country Canada as part of the EuroGames' culture program.

Third – and that was the part I enjoyed most – I was co-hosting the opening ceremony live with the German actress-singer Isabel Varell. And this event where I have been on stage with Isabel for over three hours turned out to be one of the most electrifying ceremonies I have ever been to. What a thrill and honor to be on-stage celebrating our culture. The endless wave before the much loved speech by Munich's mayor, Christian Ude, was a wonderful highlight!

And, last but not least, I was at the EuroGames just as myself: the former Olympic champion in swimming, Mark Tewksbury. In this capacity I had the honor of giving out medals to the swimmers on a great, sunny Friday – under a perfectly blue sky, where the ceremonies took place. It was amazing to share in the swimmers' moment of recognition.

When I was "off-duty", I explored the sporting site watching swimming, volleyball, beach volleyball, wrestling, ballroom dancing and aerobics. One night I ended up at a shopping center that was only open to EuroGames par-

Ehre, den Siegern im Schwimmen die Medaillen umzuhängen – und das alles im Freien an diesem wunderbaren, sonnigen Freitag. Es hat mich persönlich sehr berührt, diesen magischen Moment der Medaillenverleihung mit den Schwimm-Champions von München teilen zu dürfen.

Wenn ich dann mal offiziell „außer Dienst" war, habe ich das Olympiagelände erkundet und den Sportlern beim Schwimmen, Volleyball, Beach-Volleyball, Ringen, Tanzen und bei Aerobic zugesehen. Eines Abends fand ich mich in einem Kaufhaus wieder, das extra nur für Teilnehmer der EuroGames geöffnet hatte – da war die Hölle los. Und ich bin auch in den Genuss einer der besten Parties für Schwule, Lesben & Friends gekommen, wo der Eintritt nicht die Welt kostete und wo mit vier verschiedenen Dancehalls wirklich für jeden etwas dabei war. Dort haben meine vier lesbischen Freundinnen und ich dann die Nacht zum Tag gemacht.

Vielleicht wurden die EuroGames mitunter auch deshalb zu einem so unvergesslichen Erlebnis für mich, da ich im Vorfeld gar keine Erwartungshaltung aufbauen konnte – schließlich waren die Spiele in München meine ersten EuroGames. Allein schon die bloße Größe dieses Events, diese ungeheuer

ticipants – and it was hopping. And, not to forget, I also went to the most wonderfully integrated party for the athletes that was affordable and really diverse with four dance halls to choose from – and I partied all night long with my four lesbian friends.

As the Munich games were my first EuroGames, I had no expectations when I got on the plane in Canada heading for Germany. Maybe that is also why I had such a great experience. I was just completely amazed at the enormity of the event, the magnificence of the venues at the Olympic park, and the spirit of the organizers and volunteers. It was really magical to have been there, and to have been a part of it.

Yet, on a personal level, my strongest impression of Munich was being on-stage during the opening ceremony. And I clearly recall our preparations off-stage: it was 7:45 p.m., Isabel and I could already feel the buzz from the crowd. I was ironing my shirt on the floor because we didn't have an ironing board. Isabel was still wrestling with her dress and we were finalizing the text for the show. The rehearsal had been okay, but now it was coming for real. As we walked out to host the opening ceremony we almost physical-

großen Sportstätten auf dem Olympiagelände und unglaublich positive Ausstrahlung der vielen freiwilligen Helfer sowie der Organisatoren haben mich total beeindruckt. Es ist ein wundervolles Gefühl, bei diesem Event dabei gewesen zu sein und daran mitgewirkt haben zu dürfen.

Jedoch gab es bei den Spielen in München etwas, das mich persönlich am meisten beeindruckt hat: dass ich während der Eröffnungsfeier auf der Bühne stehen durfte. Ich erinnere mich noch ganz genau an unsere Vorbereitungen hinter den Kulissen. Es war 19:45 Uhr, und Isabel und ich konnten bereits die Vorfreude und Anspannung des wartenden Publikums spüren. Ich war zu diesem Zeitpunkt gerade noch dabei, mein Hemd auf dem Boden zu bügeln, da kein Bügelbrett aufzutreiben war. Und Isabel machte sich noch an ihrem Kleid zu schaffen, während wir unserer Moderation den letzten Schliff gaben. Die Probe war gut gelaufen, aber nun sollte es ja vor großem Publikum live endlich richtig zur Sache gehen. Auf dem Weg zur Bühne konnten wir die gute Stimmung im Publikum fast schon körperlich spüren. Isabel drückte noch kurz meine Hand und sagte mir, ich solle das Ganze ganz ruhig angehen. Sie schaute mir in die Augen und meinte: „Und nun hab' Spaß!" Was für ein guter

ly felt the good vibrations. Isabel squeezed my hand, telling me to slow down. She looked me in the eyes and said: "Have fun!" Good advice. That is all I did from that moment through to the games' closing ceremony. On stage I could feel the energy from the crowd when something simple, yet beautiful would take our collective breath away. Just take the Bavarian horn and dance troupe, the wheelchair Grease choreography or the performance of the female ballroom dancers from Cologne.

From a sports perspective, watching the wrestling finals gave me an insight into the intensity of competition. The numbers of participants is growing, but so is the level of competition. That is something you could see in many different sports. And I again realized that there is something about sport in general: how it pushes us to be the best we can be – that leaves us somehow feeling better. Even simply by sharing in someone else's victory.

Take my word, brothers in sports: I'll be back for more Eurogames and for the Montréal Outgames in 2006!

Ratschlag. Und ich nahm Isabel beim Wort – von diesem Moment an bis zur Abschlussveranstaltung der EuroGames. Auf der Bühne stehend konnte ich die Energie des Publikums jedes Mal spüren, wenn etwas eigentlich ganz Simples, aber doch so Wunderschönes im Programm uns alle in seinen Bann zog. Wie zum Beispiel der Auftritt der bayerischen Hörner- und Tanztruppe, die Grease-Performance der Rollifahrer oder der Auftritt der Tänzerinnen aus Köln.

Auch wurde mir bei den Finalwettkämpfen im Ringen bewusst, mit wie viel Energie und eisernem Willen die Sportler in die Wettkämpfe gingen. Ebenso sind die Teilnehmerzahlen über die Jahre hinweg stetig gewachsen – genauso wie das Wettkampf-Niveau. Und wieder einmal wurde mir bewusst, das es mit dem Sport etwas ganz Besonderes auf sich hat: Es ist faszinierend, wie der Sport uns dazu bringt, unser Bestes zu geben – und wie unendlich viel besser wir uns danach fühlen. Allein schon dadurch, dass wir uns mit jemand anderem über seinen Sieg mitfreuen.

Ihr dürft mich also gerne beim Wort nehmen, Sportsfreunde: Ich werde bestimmt mal wieder bei den EuroGames dabei sein – und selbstverständlich sehen wir uns 2006 bei den Outgames in Montréal!

Gay Games: Für alle, die uns lieb & teuer sind

Gay Games: For all those we love & care about

V

Name/first and last name
Osie van der Merwe
Geburtsjahr/year of birth
1962
Stadt/city
Pretoria
Land/country
Südafrika/South Africa
Disziplin(en)/discipline(s)
Netzball/netball

Zum ersten Mal habe ich von den Gay Games von jemandem erfahren, der die Spiele in Amsterdam miterlebt hatte. Und da mein Lebensmotto in allen Lebensbereichen „Carpe Diem" ist, beschloss ich damals spontan, nein: ich versprach mir selbst, dass ich bei den nächsten Spielen 2002 in Sydney einfach dabei sein musste. Als ich Genaueres zu Sydney erfahren hatte, bin ich auf die Gay Games-Website gegangen und fing an, die Reise zu planen. Ja, so bin ich zu meinen ersten Gay Games nach Sydney gekommen: ich, ein ganz normaler Kerl, der Spaß am Leben hat und stolz ist, schwul zu sein.

Sportlich hatte ich mich dem Netzball verschrieben. Zusammen mit einem anderen netten Kerl aus Südafrika hab ich mich Jungs aus Australien, Simbabwe, den USA und Südafrika, angeschlossen: so wurden wir ein Team. Und zwar ein wirklich richtig internationales – und das war großartig. Die

I had heard about the gay games for the first time about two years ago from someone that went to the previous Gay Games held in Amsterdam. Since my motto is to always "Carpe Diem" in all aspects of my life, I there and then decided – actually I promised myself – that I simply had to go to the next Gay Games to be held in Sydney at the end of 2002.

Once I knew about the games and when it was going to take place, I logged onto their website and started making arrangements. So that is how I, just a normal, fun-loving, "proud-to-be-gay" guy from next door from suburban South Africa, got onto the plane heading for Sydney for what would be "my first Gay Games".

At the games I participated in netball. We were two South African guys that joined up with people from other

Verbundenheit, der Zusammenhalt in unserem Team, zeigten mir wieder einmal, dass wir uns doch alle verdammt ähnlich sind. Dass wir wirklich alle Brüder und Schwestern sind.

Eigentlich wusste ich gar nicht so recht, was da bei den Gay Games auf mich zukommen würde. Schließlich war es ja mein erstes Mal. Ich hab mir das Ganze auf jeden Fall so vorgestellt, wie man sich den Himmel vorstellt: überall diese wunderhübschen, sportbegeisterten schwulen Jungs um mich herum: wow! Und ich wurde schließlich angenehm überrascht – weil sogar meine kühnsten Erwartungen und Hoffnungen übertroffen wurden. Es war einzigartig. Noch nie zuvor hat sich Schwulsein so unglaublich wunderbar angefühlt! Ganz im Ernst: Noch nie zuvor in meinem Leben habe ich so viel Kraft, Mut und Energie getankt. Während der Spiele in Sydney habe ich für mich einen Entschluss gefasst: Niemandem wird es jemals mehr gelingen, dass ich mich wegen meines Andersseins minderwertig fühle. Keinem.

Die Spiele haben mir unglaublich viel Auftrieb gegeben. Es wäre aber schön gewesen, meine Familie und meine Freunde bei den Gay Games um mich zu haben. Allein nur um ihnen zu

countries in a team. In our team were also people from Australia, Zimbabwe and the United States, and I guess one could say we were truly an "international" team – which was great. The camaraderie amongst team members convinced me even more so that we are all so much alike. We are indeed brothers and sisters.

Actually, I didn't know what to expect from this event since it was going to be my first Gay Games. I could just imagine that it would be like heaven with all these beautiful boys around you and they are all gay and they love their sport. Was I pleasantly surprised? My wildest expectations were overshadowed – it was wonderful. Never before had it felt so incredibly wonderful to be gay! In fact, it was the most empowering time of my life. Being at the Gay Games in Sydney made me decide that nobody will ever make me feel inferior about being gay again.

It was so uplifting being at the games: I wish I could have had my family and all of my friends there – just to show them how "normal" we are. It was fantastic to walk into the Aussie Stadium at the opening ceremony in our various teams, and the whole feeling of "we are one" was overwhelming. You can't

zeigen, wie „normal" wir doch sind. Es war auch ein fantastisches Erlebnis, in unseren Teams ins Stadion einzulaufen und dabei dieses „Wir"-Gefühl in der Luft zu spüren. Es war einfach so überwältigend, dass ich eigentlich gar keine Worte dafür finden kann. Ich kann einfach nicht beschreiben, was die Gay Games mir tatsächlich bedeuten und was sie in mir ausgelöst haben. Ich kann nur eines sagen: Es war das Größte. Es war die einzigartigste Woche in meinem Leben. Wenn es mir gelingen würde, jeden Schwulen und jede Lesbe zur Teilnahme an den Gay Games zu ermutigen, dann hätte ich in meinem Leben etwas wirklich Großartiges geleistet und wäre glücklich bis in alle Ewigkeit. Was diese Spiele mit einem anstellen – dafür reichen Worte nicht aus.

Aber es gab während der Spiele auch viele dieser Momente, die mich in meinem tiefsten Innern berührten. Einer davon war die Eröffnungszeremonie, bei der ich mit 60 000 anderen Schwulen und Lesben gebannt der Rede von Richter Kirby lauschte. Was für ein unglaubliches Gefühl. Mir liefen die Tränen herunter, und mir wurde klar, was für ein unglaubliches Glück ich habe, schwul zu sein und in der heutigen Zeit leben und meinen Weg gehen zu kön-

put this experience into words. I can't really describe what attending the Gay Games did for me as a gay man. It was the single most uplifting and empowering week of my whole life. If I can only encourage every gay person to attend one Gay Games, I will die a happy man. What it does for you as a human being, cannot be put into words.

But I also had some very special, very private moving moments at the Gay Games. One of which was I sitting at the opening ceremony together with almost 60 000 other gay guys and girls from around the world, listening to Judge Kirby's speech. What a moment! I listened to him with tears rolling down my cheeks, thinking how fortunate I am to be gay and to be living in this day and age – being able to express who and what I am! I wished I could have had all my loved ones with me to share in this wonderful moment. I will never ever in my life forget the evening of the 2nd November 2002 in the Aussie Stadium in Sydney, Australia. Never!

Hence, it's not surprising that I've already started making arrangements and saving money for the Gay Games in Montréal in 2006. And believe me – this time I'm taking all my gay friends with me – even if I have to pay for them to be

nen. Was hätte ich darum gegeben, in diesem wundervollen Augenblick all meine Lieben um mich haben zu können. Diesen Abend am 2. November 2002 im Aussie-Stadion in Sydney, Australien, werde ich nie vergessen. Niemals!

Daher ist es auch nicht wirklich überraschend, dass ich bereits angefangen habe, für die Gay Games in Montréal 2006 zu sparen und Vorbereitungen für den Trip zu treffen.

Und eines dürft ihr mir ruhig glauben: dann werde ich alle meine schwulen Freunde mit einpacken. Und wenn ich für sie bezahlen muss, damit sie zumindest ein Mal die Gay Games selbst miterleben können. Denn Menschen, die uns lieb und teuer sind, dürfen wir diese Erfahrung nicht vorenthalten. Wir sehen uns also – bei den Outgames in Montréal!

able to attend at least one Gay Games!

You cannot withhold this experience from anyone you love and care about. See you all at the Outgames in Montréal.

Über Frauen in den Vierzigern und Tempolimit

About women in their fourties and speed limit

V

Name/first and last name

Isabel Varell

Geburtsjahr/year of birth

1961

Stadt/city

Köln/Cologne

Land/country

Deutschland/Germany

Disziplin(en)/discipline(s)

Moderation & Halbmarathon

co-hosting opening ceremony & marathon, half distance

Darf ich mich vorstellen: Isabel Varell, die fast ihr halbes Leben ganz gut ohne Turnschuhe ausgekommen ist. Und erst im zarten Alter von 40 Jahren ihre sportliche Seite durch das Laufen entdeckte. Viele Wege führen zu den EuroGames nach München, könnte man sagen – und mein Weg war ein ganz besonders aufregender und schöner. Es begann alles damit, dass ich gefragt wurde, ob ich nicht den großen Eröffnungsabend in der Olympiahalle moderieren möchte. Zusammen mit dem kanadischen Weltklasseschwimmer und mehrfachen Olympiasieger Mark Tewksbury. Was für eine Frage! Natürlich habe ich sofort zugesagt. Was für eine Ehre, eine Veranstaltung dieser Art und Größenordnung präsentieren zu dürfen! Nicht nur als heute begeisterte Sportlerin, sondern auch als Mensch, der für Toleranz kämpft. Denn leider ist Toleranz gegenüber homosexuell lebenden Menschen immer noch nicht

May I introduce myself: Isabel Varell, who has never really needed trainers and other sports equipment until she turned 40 and discovered her sports ego through running. There are many ways leading to the EuroGames in Munich – and the way I got there was particularly exciting and thrilling. It all began with a telephone call. I was asked if I could picture myself co-hosting the opening ceremony with Mark Tewksbury, the Canadian world champion in swimming and Olympic medalist. What kind of question that was! Of course I could – it is such a great honor to present such a wonderful, huge event. Hosting the opening ceremony really meant a lot to me – to me as an enthusiastic athlete but also to me as a human

die Regel in unserer Gesellschaft. Daher dürfen wir auch nicht aufhören, uns für mehr Toleranz und Akzeptanz einzusetzen. Und ein ganz besonders heißes Eisen scheint das Thema Homosexualität im Hochleistungssport zu sein. Die wenigsten Weltklassesportler outen sich so mutig wie Mark Tewksbury.

So ist es nicht verwunderlich, dass der Eröffnungsabend in der Olympiahalle, den ich zusammen mit Mark moderieren durfte, für mich zu einem unvergesslichen Erlebnis wurde. Allein schon die vielen Sportler und Mitwirkenden: 5 300 Menschen aus der ganzen Welt beim Einzug der Athleten in die Olympiahalle – das war gigantisch!

Ich glaube schon, dass die Erwartungen aller im Vorfeld sehr groß waren – auch was die Aufmerksamkeit der Öffentlichkeit angeht. Und ich hatte absolut das Gefühl, dass die Spiele in München voll im Rampenlicht standen: Ganz München strahlte in Orange, der Farbe der EuroGames. Viele wussten in der Vergangenheit vielleicht noch gar nicht, dass es die EuroGames überhaupt gibt – und das hat sich mit München geändert. Es konnte keiner daran vorbei! Wichtig ist dabei auch die permanente Aufklärung. Man muss den Leuten einfach erklären, warum die EuroGames

being, fighting for tolerance. Unfortunately, tolerance and the acceptance of people living and loving differently are not yet as widespread as they could and should be in our modern society. Therefore, we must keep on fighting for more tolerance.

That evening on stage with Mark – with the two of us hosting the opening ceremony in the Olympiahalle – became a night to remember: a mesmerizing, unforgettable experience. Feeling the enormous presence of the audience numbering 5 300 people from all around the world just took my breath away. And, then, there was the entrance of the athletes into the stadium: what a gorgeous sight!

I am sure that every person involved in the EuroGames was placing high hopes on the games. We all were full of expectation – and we were also wondering how this event was going to be perceived by the general public. To me it seemed that the games were in the limelight: the entire city of Munich was tinted orange, the EuroGames' official color. If there had been people not knowing about the existence of the EuroGames before Munich, the 2004 games have certainly sharpened people's awareness. The EuroGames were on and you

Es ist nie zu spät! Isabel Varell begann das Laufen im Alter von 40 Jahren.
It's never too late to have fun: Isabel Varell started running at the age of 40.

ins Leben gerufen wurden, und aufzeigen, dass es immer noch viel zu viel Intoleranz, Unverständnis und Diskriminierung in Sportvereinen gibt.

Aber nun zu meinem persönlichen, emotionalen Highlight während der EuroGames: die Moderation der Eröffnungsgala, bei der ich mit Mark Tewksbury drei fantastische Stunden lang auf der Bühne stand. Dazu muss ich zuerst mal loswerden, dass Mark – Goldmedaillengewinner 1992 bei den Olympischen Spielen in Barcelona – ein super sympathischer Typ ist! Die Moderation mit ihm hat riesig Spaß gemacht, und die Stimmung in der ausverkauften Olympiahalle war irre toll! Besonders berührt hat mich der Moment, als Münchens Oberbürgermeister Christian Ude die Bühne betrat und das Publikum ihn mit einer nicht enden wollenden La-Ola-Welle begrüßte. Mark und ich standen neben Christian Ude auf der Bühne und bekamen eine Gänsehaut nach der anderen. Man spürte förmlich, dass er in der Szene viel bewegt hat. Durch das Engagement mutiger Menschen wie Ude wächst die Toleranz gegenüber Homosexuellen hoffentlich weiter.

Dann gab es während der Show natürlich weitere Highlights für mich, wie

simply could not miss that. In my opinion, it is also very important to keep people informed, to explain to them why there are events like the EuroGames and that there is still way to much intolerance, ignorance and discrimination in sports clubs.

Let's now turn to my personal, emotional highlight of the 2004 EuroGames in Munich: it was the games' opening ceremony which I have co-hosted with Mark Tewksbury for about three fantastic hours live on stage. First of all: Mark, gold medalist of the 1992 Olympics in Barcelona, is such a great guy.

I loved being on stage with him, feeling the positive vibes and enormous energy of the audience in the packed arena, the Olympiahalle. When Christian Ude, Munich's mayor, went on the stage, the audience cheered him with an endless La-Ola-wave – and Mark and I were standing next to him, getting goose-bumps all over: again, and again and again. It was obvious that Christian Ude has achieved a lot for the gay and lesbian community. Thanks to the commitment of people like him, the acceptance of homosexuality will hopefully keep on growing within society.

zum Beispiel der Auftritt der Swinging Sisters oder Marla Glenn. Das ist eine Superfrau. Nicht nur als Künstlerin, sondern als mutiges Vorbild für Frauen. Ganz toll war auch Jimmy Somerville: Als Musiker und Künstler hat er mich schon immer begeistert und privat ist er richtig klasse. Er hat einen herrlichen Humor. Auf der Bühne fragte ich ihn, was seine nächsten Pläne wären, worauf er trocken antwortete: „Ich geh' jetzt aus und betrinke mich!". O.k., soviel dazu! Es war alles in allem ein überwältigender Abend für mich – und ich fühle mich geehrt, daß ich dabei sein durfte!

Aber auch aus sportlicher Sicht haben mir die EuroGames ein unvergessliches Erlebnis beschert. Denn den Halbmarathon habe ich mir natürlich nicht nehmen lassen, wo ich mich doch in München voll in der Trainingsphase für den Kölnmarathon befand. Ich hatte es bereits erwähnt: Ich fing das Laufen sehr spät an: mit 40. Bis dahin hatte ich mich nicht bewegt! Und nun bin ich so unglaublich stolz, bei Wettläufen dabei zu sein. Allerdings ohne Ehrgeiz auf Zeit. Bei mir ist eher Gemütlichkeit auf der Laufstrecke angesagt. Und daran hielt ich mich auch bei meinem EuroGames Lauf. So wurde der Halbmara-

And then there were these wonderful supporting shows by, for example, the Swinging Sisters or Marla Glenn who both gave a great performance. I think Marla Glenn is a great woman and I do not only like her as an artist, but also as a role model: a role model for women who are bravely living their lives their way. I am also a great fan of Jimmy Somerville who has always been fascinating me as both, artist and musician. During the games I got to know him on a more personal level. He is a real character and has a great sense of humor. Let me give you an example: interviewing him on stage, I asked him what his next plans were. His dry reply was: "I'll go out and get plastered!" All right, so much for that!

All in all, I was just completely thrilled by the opening ceremony – and I feel both honored and flattered that I was given the opportunity to be part of it.

Yet, from the sports perspective, I also had an unforgettable experience at the EuroGames because I participated in the half marathon as part of my preparation for the upcoming marathon in Cologne. As I have already mentioned: I took up running at a relatively late stage of my life – at the age of 40.

thon für mich zu einem tollen Erlebnis. Die Laufstrecke durch den Olympiapark bei herrlichem Sommerwetter war wunderschön: so machten die 21 Kilometer richtig Spaß. Dafür sorgten aber auch die vielen „Anfeuerer" am Wegesrand, wie z.B. die ehrenamtlichen Streckenposten und die vielen anderen Sportler, die man ja immer sofort an den orangefarbenen Rucksäcken erkannte. Einmal gesellte sich plötzlich während des Laufs – so ungefähr bei Kilometer 18 – ein sehr netter Läufer zu mir, und meinte, mein Tempo sei genau richtig. Daraufhin klärte ich ihn auf, dass ich das Tempo einer Frau um die vierzig laufe. Er sagte dann, er laufe das Tempo eines schwulen Mannes mit 63. Was lernte ich daraus? Ich laufe also das Tempo eines schwulen Mannes um die 63. Was will frau da mehr?

Until then, I simply had not moved a limb.

Now, I am incredibly proud of being able to take part in running competitions myself. However, time does not really matter to me as I have discovered the "pleasurable slowness of running" – to which I stuck when I was doing the half marathon at the EuroGames.

The running track, which led through the Olympiapark, was nice and with the sun shining, it was pure pleasure to master the 21-kilometers-trail. Moreover, there were so many voluntary helpers and other athletes with their orange backbacks lining the track to cheer us on – that was touching and motivating. I also had a funny encounter with a very friendly male runner: after 18 kilometers he joined me, telling me that my pace was perfect. I explained to him that I was keeping the pace of a women in her fourties. He countered by saying that he was running at the pace of a 63-year old gay man. Can you guess the moral of the story? It's that I am actually running at the speed of gay man at 63. Could a woman ask for anything more?

Mit der bayerischen Sonne um die Wette gestrahlt

Fun under the Bavarian sun

V

Name/first and last name
Michaela von der Hoeh
Geburtsjahr/year of birth
1967
Stadt/city
Stuttgart
Land/country
Deutschland/Germany
Team/team
Abseitz, Stuttgart
Disziplin(en)/discipline(s)
Badminton (Einzel und Doppel)
badminton (singles and doubles)

Was bringt jemanden dazu, nach nicht mal zwei Jahren mehr oder weniger ambitionierten Sportler-Daseins in Badminton bei den Eurogames 2004 in München anzutreten? Es liegt wohl daran, dass mich dieser Sport geradezu „angesteckt" hat und ich einfach unglaublich Spaß daran gefunden habe, seit ich im November 2002 über den Sportverein Abseitz in Stuttgart stolperte und zum ersten Mal Hand an einen Schläger legte. Und schließlich heißt es doch so schön: „Dabei sein ist alles" – also Motivation genug, oder? Ehrlicherweise muss ich aber auch sagen, dass ich ziemlich gespannt darauf war, so viele „Gleichgesinnte" in München zu treffen. Und ein bisschen sportlicher Ehrgeiz steckt sogar in mir: ab und an flackert da schon so ein kleines Flämmchen auf... So hieß es dann schließlich auch für mich: München, ich komme! Aber ganz ehrlich: Medaillenerwartungen hatte ich keine. Die

Why does somebody who has only recently discovered her more or less ambitious sports-ego trough Badminton decide to participate in the 2004 Eurogames in Munich?

It's because Badminton is kind of contagious and just great fun. After all that's what I discovered in late 2002 when I came across the sports club named Abseitz in Stuttgart, Germany, where I laid my hands on a Badminton racket for the first time. Moreover, the only thing that matters is being part of it – ain't that enough motivation? But to tell you the whole truth: I was really looking forward to meeting so many other gay and lesbian athletes in Munich.

Aussicht auf ein unvergessliches, gemeinschaftliches Sport-Spektakel, drei Tage Spaß, Lachen, Bewegen, neue Menschen, neue Gedanken, Anregungen – einfach Motivation tanken fürs Leben, und das gemeinsam mit meiner Liebsten: das bedeutete mir definitiv mehr als ein möglicher Erfolg im Sport.

Apropos Erfolg im Sport: Als ich dann gleich am ersten Wettkampftag in meiner Gruppe mit Gruppensieg weiterkam, war ich natürlich mehr als überrascht. Überall super nette Frauen, eine klasse Stimmung und viel Lachen. Irgendwie lief alles noch besser als erwartet. Ich hatte bisher noch nie ein Einzel, ganz zu schweigen in einem Turnier, gespielt. Daher ganz unter uns: So groß wie an diesem Tag im Einzel war mir das Spielfeld noch nie erschienen. Und meine Kondition? Die hätte durchaus jeden Moment die Halle verlassen können. So war dieser Turniertag in jeder Hinsicht etwas ganz Besonderes für mich.

Nach den Gruppenspielen folgte dann die Runde der letzten 32 im Einzel: weitergekommen! Achtel Finale: auch durchgekommen! Das Viertel Finale: Hier ging alles super schnell, und ehe ich auch nur eine meiner Team-Kolleginnen oder gar meine Geliebte vor-

And there's indeed a grain of sportive ambition inside of me: I can feel it grow from time to time...That's why and how I made it to Munich, but I honestly didn't expect to bring a medal back home: no way! Moreover, I was intrigued by the idea of being part of a fabulous sports event, three days of fun in the sun, laughter, exercise, getting to know new people, fresh ideas and thoughts – to gain motivation for everyday life together with my beloved woman. This was much more important to me than an eventual success in the competitions.

Well, talking of success in sports: to my great surprise, my team and I made the first place in the group. With all these super-nice women around me, the great atmosphere and those many smiling faces everywhere, my expectations were even surpassed. I was extremely excited because to that day, I had never played singles and I had never participated in a tournament before. To tell you the truth: Never before had the badminton court seemed that huge to me! You want to hear about my fitness that day? My dear fitness could have left me and the sports hall any minute, any second – therefore, the tournament was very special to me. Special every respect.

warnen konnte, war es soweit. Ich, ich war im Finale. Und kurz darauf war ich stolze Besitzerin einer Eurogames Silbermedaille für meine Einzel-Performance in Badminton: unfassbar!

Ich bin mir ziemlich sicher, dass ich die Tage in München wie ein Honigkuchenpferd gestrahlt habe. Andererseits habe ich nicht einen Menschen gesehen, der nicht strahlte. Alle schienen von dieser wunderschönen Stimmung und diesem einmaligen Sport-Ereignis beseelt zu sein. Und selbst als die Sonne untergegangen war, strahlte die gute Stimmung nach. Das spürte ich auch, als ich mit einigen Freundinnen auf einem Campingplatz verabredet und dort dann mein Zelt aufgeschlagen hatte. Am Abend, als wir alle müde und ausgepowert von unseren Turnierstätten zurückkamen, wuselte es auf der riesigen Zeltwiese nur so von Frauen: eine tolle Gemeinschaft, eine sehr angenehme Gesellschaft und jede Menge interessante Unterhaltungen bis in die tiefe, tiefe Nacht – und immer die Erinnerung an diesen einen magischen Moment in meinem Kopf. Das Opening! Es waren vielleicht nur drei, vier Minuten gewesen, die wir Sportler gebraucht hatten, um durch den Tunnel in die Olympiahalle einzumarschieren. Aber das wa-

The doubles were followed by the singles' round of the last thirty-two: I won my match. The round of the last sixteen: and the winner was me. The round of the last eight: yep, me again. And then the round of the last four: it all happened so fast a before I could realize what was happening or tell any of my team-mates or my love about what was going on, I had reached the final! And only shortly after that, I found myself standing proudly on the podium with a Eurogames silver medal dangling from my neck: simply unbelievable!

Although I've never checked my face in the mirror, I'm quite sure that I've been grinning like a Cheshire cat all day long – every single day – during the games in Munich.

And the smiling just came all natural as I've seen nothing but smiling faces there.

Everyone simply seemed to enjoy him- or herself and seemed to be inspired by the undescribable atmosphere that reigned this unique sports event. Even after sunset, the sun still seemed to shine as the positive spirit kept on lingering in the air, everywhere. Even on the camp ground where I had joined some of my friends and pitched my tent. In the evenings when we were all re-

ren vier atemberaubende Minuten – Gänsehaut pur!

Daher freue ich mich schon jetzt auf die Outgames 2006 in Montréal – bis dann, oder?

turning from our sporting sites, being all tired and wased out, the huge camp ground was buzzing with women, laughter, great company and endless talking and chatting into the early hours – and the memory of this really magical moment warming my heart. That magical moment measuring only about four minutes in time. That magical moment when we, the athletes, were walking through that tunnel leading us into the Olympiahalle at the opening ceremony. Four minutes that made me hold my breath. Four minutes pure adrenaline and goosebumps all over my body.

Well, that's also one of the reasons why I'm looking forward to being part of the 2006 Outgames in Montréal – see you there, folks!

Dem rollenden Runden hoffnungslos verfallen...

Hopelessly devoted...

W

Name/first and last name
Tanja Walther
Geburtsjahr/year of birth
1971
Stadt/city
Berlin
Land/country
Deutschland/Germany
Team/team
Hopelessly Devoted. Berlin
Disziplin(en)/discipline(s)
Fußball/football

„Hopelessly Devoted“ – diesen Namen verdanken wir Olivia Newton John. Nun, es ist nicht wirklich so, dass Olivia groß etwas mit Fußball am Hut hat. Aber für uns hat sie halt irgendwie doch direkt mit Fußball zu tun. Und das kam folgendermaßen: Als wir bei der Vorbereitung auf die EuroGames 1995 in Frankfurt einen Namen für unser Team suchten, lief gerade dieses Lied von ihr, „Hopelessly Devoted“, und wir fühlten uns dadurch extrem inspiriert. Allen war sofort klar: dieser Name passt. Weil wir dieses Spiel mit dem Ball lieben. Weil wir von Berlin begeistert sind. Kurz gesagt: Wir sind dem Spiel, der Stadt, der Freude und dem Miteinander eben hoffnungslos verfallen!

Was 1995 mit einem bunt zusammengewürfelten Team aus Anfängerinnen und Bundesliga-Spielerinnen begann, ist inzwischen zu einem Team gewachsen, in dem viele bereits seit mehreren Jahren mit Leib und Seele, vor

„Hopelessly Devoted“ – that is the name we owe to Olivia Newton John. Well, that does not neccessarily mean that Olivia plays an important role in women's football – but for us, she surely does. How and why? Here we go: It was in the run-up to the EuroGames 1995 in Frankfurt, at a time when we were still searching for a suitable name for our team. There and then, we suddenly heard her song, “Hopelessly Devoted”, playing – it caught our attention, we loved it, and we all knew that this had to be our team's name. And it has been inspriring us ever since because we love our ball game. Because we are all crazy about Berlin. Because we all are hopelessly devoted to our game, our city, to joy and to being with each other!

allem aber ganz viel Herz dabei sind. Die meisten unserer Mädels reisen aus Berlin an, wenn wieder ein Wo-chenende voller Fußball, Sonne und Freude auf dem Plan steht. Die eine oder andere kommt sogar früher von einem Studienaufenthalt in Australien zurück, wieder andere zieht es aus der Provinz oder gar aus dem Ausland zurück nach Berlin. Jedes Mal ist es aufs Neue faszinierend, diese Gruppe unterschiedlichster Frauen zu beobachten und diese ganz besondere Stimmung genießen zu dürfen. Diese ist irgendwie schwer in Worte zu fassen – aber leicht zu verstehen, wenn man zu den Menschen in dieser bunten Truppe gehört, die sich für ein oder zwei Stunden auf den Sportplatz verirren.

Nachdem ich nun selbst bei den Gay Games 1998 in Amsterdam, 2002 in Sydney sowie bei allen EuroGames seit Frankfurt 1995, Paris ausgenommen, und auch 2004 bei den EuroGames in München dabei war, kann ich mein persönliches „Games-Gefühl" und den Reiz dieser Veranstaltungen inzwischen auch ganz gut benennen: Das Schönste und Bewegendste an den schwul-lesbischen Spielen ist für mich immer wieder die Unbeschwertheit, die bei diesen Veranstaltungen in der

What started in 1995 with a curiously mixed team of absolute beginners and players of the German female football league has become a family-like team in which most of the players have been fully focused on playing together for many years now. Football has really won our hearts because whenever there is a weekend full of football, sun and fun on our agenda, the girls come from everywhere to take part in this special happening. Most of our girls come from Berlin, some from the provinces and some from abroad, and others even decide leaving Australia – where they have spent a year studying – earlier than originally planned in order to be able to join the team. Everyone just sets off for our get-togethers. And whenever we meet, I just cannot help myself being amazed by watching this very heterogeneous group of women interact and I enjoy the very peculiar atmosphere that is very hard to describe – but is deeply cherished by every single member of our team who turns up on the field to join the game for about one or two hours.

As I have been to the Gay Games in Amsterdam in 1998, to Sydney in 2002 as well as to all EuroGames since Frankfurt in 1995, except for Paris, including the 2004 EuroGames in Munich, I am

Luft liegt und die alle beflügelt. Es ist die Freude, Menschen aus aller Welt zu treffen, der Spaß an schönen Pässen, Flanken & Toren. Es ist das Lachen und das ausgelassene Miteinander im Team. Über alldem liegt diese gewisse „Leichtigkeit des Seins", die uns alle verbindet und die all jene „Weißt du noch...!"-Geschichten schreibt, die uns noch lange nach den Spielen ein Lächeln ins Gesicht zaubern.

Wir freuen uns schon jetzt auf unser hoffnungslos ergebenes und entfesseltes Fußballspiel in Utrecht und Montréal. Auf all die Momente, wo wir fast brasilianisch spielen. Oder in der Fußgängerzone unsere Teamchoreographie einstudieren. Und auf jene Momente, wo wir nach der durchtanzten Nacht zwar theoretisch wissen, wo wir auf dem Feld hin sollen, aber die Beine nicht ganz hinterher kommen. Um eine Medaille geht es uns dabei nicht wirklich, obwohl wir in Frankfurt, Berlin, Zürich und Kopenhagen mit unserem hoffnungslos verfallenem Spiel Medaillen ergattert haben. Unser Plan für die nahe Zukunft sieht so aus: Wir werden auf jeden Fall 2006 an den Outgames in Montréal teilnehmen, da wir seit den Gay Games in New York mit einem

finally able to describe what makes these events so appealing and special to me. What I like most and what moves me most about the games for gays and lesbians is the carefree atmosphere that lingers in the air, motivating the athletes to give their best. It is such great fun to meet people from all over the world and I get sheer pleasure out of passes, crosses and goals. And I also love having fun in our team, laughing and hanging out with the girls. Everyone feels this peculiar "lightness of being" in the air. A feeling that unites us. A feeling that makes us tell all those "Do you remember...?"-stories that inspire us and make us smile long after the games are over.

We are already looking forward to hopelessly devotedly playing football in Utrecht and Montréal. We are looking forward to sharing all these precious moments when we are almost playing Brazilian football or practising our team's choreography in a pedestrian precinct.

And to those moments when we at least theoretically know what to do out on the field but our legs just will not cooperate because we have danced all night instead of getting enough sleep.

Team aus Vancouver befreundet sind und uns in Montréal treffen möchten. See you where the games be gay!

Therefore, winning a medal is not our main ambition, although our team brought medals from Frankfurt, Berlin, Zurich and Copenhagen. The next event on our agenda? We will definitely attend the 2006 Outgames in Montréal as we have made friends with a team from Vancouver at the Gay Games in New York, and we have decided to meet again in Montréal. See you where the games be gay!

Mein Tanz für mehr Respekt. Mein Tanz für eine bessere Zukunft.
Dancing our cultural heritage. Dancing for respect.

W

Name/first and last name
Hartley Williams
Geburtsjahr/year of birth
1975
Stadt/city
Glebe
Land/country
Australien/Australia
Disziplin(en)/discipline(s)
Netzball/netball
Team/team
Koori Joongarhs National Aboriginal Mixed/Men's
Medaille(n)/Medal(s)
Gold (mixed)/gold (mixed division)

Mich hat es bereits 1991 beruflich und privat von Perth nach Sydney verschlagen. Zum einen wollte ich meine Jobchancen in einer neuen Stadt ausloten und beruflich weiter kommen. Zum anderen wollte ich meiner großen Leidenschaft, dem Tanz, frönen und mein Können an einer Institution, die in der Tradition der Aboriginals steht, weiter entwickeln. Denn für mich ist Tanz nicht einfach nur Tanz, sondern vielmehr ein wichtiges Instrument, die Kultur und Tradition der Aboriginals – meine Wurzeln – aufrecht zu erhalten und zu pflegen.

So musste ich mir gar keine Gedanken um eine Reise zu den Gay Games VI machen, als die Entscheidung für Sydney als Austragungsort fiel – schließlich war ich ja bereits längst am Ort des Geschehens. Voller Vorfreude war ich unglaublich gespannt auf die Spiele selbst, aber auch auf all die Schwulen und Lesben, die die Stadt bevölkern würden.

I first came to Sydney from Perth in 1991 for personal reasons: I wanted to explore career options and pursue my interest in dance studying at a national indigenous institution – since dance is a vital element for me to keep our Aboriginal culture and tradition alive. So I was in the very lucky position of already being on the spot when the announcement was made that the Gay Games VI would be held in Sydney. I was very much looking forward to the games and the gays and lesbians pouring into town for I knew that the games would be a good forum for promoting the profile of my culture through competing in a sport I am fairly passionate about.

Und ich hatte das gute Gefühl, dass die Spiele meinen Interessen ein ideales Forum bereiten würden: Ich wollte den Menschen ein Gefühl für meine kulturellen Wurzeln vermitteln – und das in einer Sportart, für die ich einerseits Talent habe, die mir andererseits aber auch sehr am Herzen liegt.

Die Stimmung in Sydney während der Spiele war herrlich. Überall, in allen Straßen und Austragungsorten, wimmelte es nur so von Schwulen aus aller Herren Länder. Ich war immer wieder erstaunt, wie freundlich und aufgeschlossen die meisten waren. Und auch überrascht, wie bunt, interessant und vielschichtig unsere Community doch ist.

Da die Tage während der Spiele mit Begegnungen, Unternehmungen, Darbietungen, Sport und Tanz geradezu gespickt waren, fällt es mir natürlich schwer, meine Erfahrungen und Eindrücke vor Ort auf einen Nenner zu bringen. Meine persönlichen Highlights waren zum einen der Einmarsch mit anderen Aboriginal-Australiern aus dem ganzen Land unter unserer Flagge bei der Eröffnungszeremonie. Zum anderen konnte ich unsere Frauenmannschaft auf dem Weg zur Goldmedaille begleiten; als Teil des Teams,

The atmosphere in Syndey was great: the city's streets and all Gay Games' venues were buzzing with gay people from all over the world, I simply could not help being amazed and surprised how friendly most of the people I met were and how diverse the international gay and lesbian community actually is.

As the days of the games were packed with encounters, activities, performances, sports and dancing, it is naturally extremely difficult for me to reduce my Gay Games experience to just a few highlights. But if I had to pick two of my most moving moments at the games, the first would be walking into the stadium at the opening ceremony behind the Aboriginal flag, with other Indigenous Australians from around the country. I also felt very proud watching the women win the gold medal in their division and being part of the team which won gold in the mixed division. I knew how much hard work and dedication team members had contributed leading up to the event – it was certainly a collective effort on everyone's behalf and I was very pleased to have been involved as a coordinator. My second personal highlight was performing myself in Black 'n Kweer 'n

das im Mixed dann Gold gewann. Beides sehr erhebende Momente. Ich hatte ständig vor Augen, wie viel Arbeit und Herzblut die Team-Mitglieder in die Teilnahme an den Spielen und deren Verlauf gesteckt hatten. Jeder Einzelne hat nicht nur etwas für sich selbst, sondern auch für die Gemeinschaft geleistet, und ich war sehr glücklich darüber, als Organisator meinen Teil dazu beigetragen zu haben. Ganz besonders war für mich auch, bei Black 'n Kweer 'n Out, einer Show mit ausschließlich Aboriginals als Teilnehmer, mitzuwirken. Da stand ich auf der Bühne, tanzte gemeinsam mit vielen meiner engsten Freunde aus ganz Australien. Die Tatsache, dass ich mit genau den Menschen auftrat, die mir wichtig sind, und daß wir gemeinsam für unser Volk, für unser kulturelles Erbe tanzten, ließen diesen Auftritt zu einem geradezu spirituellen Erlebnis werden.

Out, an all Indigenous show, with many close friends from around Australia – and the fact that I was dancing with some of my dearest friends, dancing for my people, for our culture, made my personal performance take on collective, almost spiritual dimensions.

Disziplin: Nachtleben!
Discipline: nightlife!

Die Gay Games: Ein Ereignis, für das es sich zu leben lohnt

The Gay Games: An event I want to live for

W

Name/first and last name
Robert Wintemute
Geburtsjahr/year of birth
1957
Stadt/city
London
Land/country
Großbritannien/United Kingdom
Team/team
Ruby Reds, Sydney
Disziplin(en)/discipline(s)
Schwimmen/swimming

Eher zufällig kam ich 1982 mit 25 Jahren in den Genuss der Abschlusszeremonie der ersten Gay Games in San Francisco. Zwischen meinem Jura-Examen und meinem neuen Job in einer Wall-Street-Anwaltskanzlei machte ich zu dieser Zeit gerade Urlaub in Kalifornien. Als die Sportler zu den Klängen von „Die Stunde des Siegers" einliefen, weinte ich. Seit jeher haben mich die Olympischen Spiele begeistert, und ich konnte kaum glauben, dass es dieses Ereignis nun auch für bekennende Lesben und Schwule aus aller Welt gibt. Nur wenige Tage später, nach meiner Premiere als nicht-geouteter Anwalt bei Milbank, Tweed, Hadley & McCloy in New York, hatte ich schlaflose Nächte, weil ich das Gefühl nicht loswurde, meine Seele dem Unternehmensrecht verkauft zu haben. Fünf Jahre später hängte ich meinen Job dort an den Nagel, um an meiner Doktorarbeit über die Rechte von Lesben und Schwulen an der Universität von Oxford zu arbeiten.

By chance, I attended the Closing Ceremonies of Gay Games I in San Francisco in 1982, at the age of 25. I was on holiday in California, in between taking the New York Bar examination and starting work at a Wall Street law firm. As the athletes entered to the theme from "Chariots of Fire", I cried. I had always loved the Olympics, and could not believe that there was such a thing as an Olympics for openly lesbian and gay people from all over the world. A few days later, after my first closeted day at Milbank, Tweed, Hadley & McCloy in New York, I could not sleep, thinking that I had sold my soul to Corporate Law. Five years later, I left the firm to do doctoral research on lesbian and gay rights law at the University of Oxford.

Irgendwann zwischen Juni 1979 und September 1984 muss ich mich mit Aids angesteckt haben. Nach dem plötzlichen Tod meines ehemaligen Freundes, der an Lungenentzündung gestorben war, wandte ich mich an einen Arzt. Ich erfuhr, dass auch ich das Virus in mir trug. Ich war am Boden zerstört und fürchtete, dass jeder Husten ein Zeichen für Lungenentzündung sein könnte. Dann kaufte ich mir Allwetter-Laufkleidung, damit ich auch weiterhin drei Mal die Woche meine 5 Meilen laufen konnte, egal ob es nass oder kalt war. Ich sagte mir: „So lange du fünf Meilen laufen kannst, geht es noch einigermaßen mit dir!" Im August 1986 lief ich bei der Eröffnungszeremonie der Gay Games I in San Francisco mit tränenüberströmtem Gesicht als einziger Sportler für meine Heimatstadt Calgary, Kanada, ein.

In den darauffolgenden zwölf Jahren versuchte ich, Aids davonzulaufen, indem ich jegliche ärztliche Kontrolle und medizinische Behandlung vermied. Ich dachte, dass ich mich selbst mit Laufen, Schwimmen, ausreichend Schlaf, guter Ernährung und dem Verzicht auf Alkohol gesund halten könnte. Hinzu kam die Angst, aus England ausgewiesen zu werden, sollte man in meinen Krankenakten Untersuchungen zu Aids finden. Bei den Gay Games III in

Sometime between June 1979 and September 1984, I became infected with HIV. In November 1985, after the sudden death of a former boyfriend from pneumocystis, I went to my doctor seeking reassurance. Instead, I learned that I was HIV-positive. I was devastated and feared that every cough was the beginning of pneumocystis. I bought an all-weather running suit to help me stick to my running routine of five miles three times per week, even on the coldest and wettest days. I told myself: "As long as I can run five miles, I'll be all right." In August 1986, I marched into the Opening Ceremonies of Gay Games II in San Francisco, tears streaming down my cheeks, the sole athlete behind the sign "Calgary", my home town in Canada.

For the next 12 years, I kept on trying to outrun HIV, shunning any monitoring or treatment. I figured that I could keep myself healthy by running, swimming, sleeping and eating well, and not drinking. And I feared deportation from the United Kingdom if my medical records contained HIV-related tests. I took the 1,500 meters and the 5,000 meters at the Gay Games III in Vancouver in 1990 and at the 1994 Gay Games IV in New York.

Vancouver 1990 und den Gay Games IV in New York 1994 trat ich bei den 1500- und den 5000-m-Läufen an.

Doch gegen Ende März 1998 schien mein Glück erschöpft zu sein. Ich bekam einen trockenen Husten, der einfach nicht weggehen wollte. Wenn ich laufen ging, musste ich bereits nach zwei Meilen abbrechen. Im April versuchte ich, einem Zug ein Stück hinterher zu rennen, um aufspringen: Da merkte ich, wie extrem kurzatmig ich war. Von da an wurde es mit jedem Tag schlimmer – und ich wusste genau, was das bedeutete. Schließlich nahm ich all meinen Mut zusammen und rief bei einer Aids-Klinik in London an. Im Mai kam ich ins Middlesex-Krankenhaus. Glücklicherweise hatte sich seit 1985 einiges getan was Behandlung und Medikamente angeht. Die Ärzte sagten, dass diese Art Lungenentzündung, an der ich litt, daher heute nicht gefährlicher war als andere Bronchial-Infekte. Drei Wochen später wurde ich, unglaublich erschöpft und abgemagert, entlassen und in die Obhut meines wunderbaren Partners gegeben. Er machte es sich zur Aufgabe, mich aufzupäppeln. Am 1. Juli 1998 begann ich mit einer dreistufigen HIV-Therapie und nur zehn Tage später schossen meine Energiereserven in ungeahnte Hö-

In late March 1998, my luck ran out. I developed a dry cough that would not go away. I went for a run and had to stop after less than two miles. In April 1998, I tried to run a short distance to catch a train and noticed that I had shortness of breath. It got worse every day, and I knew what it meant. I finally screwed up my courage and rang an HIV clinic in London. In May 1998, I was admitted to Middlesex Hospital. Fortunately, effective treatments had been developed since 1985 and I was told that pneumocystis is now no more serious than any other chest infection. I was discharged three weeks later, extremely tired and thin, and was transferred to the care of my wonderful partner, who took charge of fattening me up.

On the first of July 1998, I began three-drug anti-HIV therapy. Ten days later, my energy levels began to soar and I found myself dancing around my flat to Donna Summer and the Village People. In August, I took the 1,500 meters again at Gay Games V, unofficially because the official 40 to 44 age group heat had been postponed until after my departure from Amsterdam. The Dutch athletics officials were not going to let me run.

hen. Ich ertappte mich dabei, wie ich zu Donna Summer und den Village People durch meine Wohnung tanzte.

Bei den Gay Games V in Amsterdam im August 1998 lief ich wieder die 1500 Meter, allerdings inoffiziell, weil man den Lauf meiner Altersgruppe 40 bis 44 auf ein Datum nach meiner geplanten Abreise verlegt hatte. Die niederländischen Verantwortlichen wollten mich partout nicht an den Start gehen lassen. Schließlich sagte ich: „Ihr müsst wissen, ich habe Aids! Und ich weiß nicht, ob ich Sydney noch schaffen werde!". Und dann haben sie mich doch ganz allein an den Start gehen lassen. Meine Zeit war schlecht, aber: Ich bin gelaufen! Nach meinem Rennen nahm ich das Sprecher-Mikrofon an mich, um allen zu erklären, warum ich darauf bestanden hatte, zu laufen. Meine Schlussworte unter Tränen waren: „Das Virus kann besiegt werden! Wir sehen uns in Sydney!".

Seit August 1998 geht es mir gesundheitlich wirklich gut. Und genau ein Jahr später lief ich wieder genauso schnell wie vor meiner Lungenentzündung. Ich habe das große Glück, noch am Leben zu sein – dank der Wissenschaftler, die die nötigen Medikamente entwickelt haben, und dank des britischen Gesundheitswesens, das mir diese kostenlos zur Verfügung stellt. Aber

Finally, I said: "Look, I have AIDS! I don't know whether I'll make it to Sydney!". So they let me run by myself. It was a slow time. But I did it. And I used the announcer's microphone to make a short speech explaining why I had done it. Eyes wet, I closed by saying: "The virus can be beaten! See you in Sydney!"

Since August 1998 I have been in perfect health and by August 1999, I was running as fast as I had before my bout of pneumocystis. I am extraordinarily lucky to be alive, thanks to the researchers who developed the drugs and the National Health Service in Britain which provides them to me for free. Millions of people in developing countries are denied drugs that could extend their lives because neither they nor their governments can afford them. My six years as a person living with AIDS, and receiving treatment, have been the happiest of my life. Whenever I get down, I think of all my friends who were killed by HIV, and tell myself to enjoy every day I get. I could have died in 1985, aged 28.

As I vowed at Amsterdam 1998, I made it to Sydney 2002. I spoke at Amnesty International's Global Rights Conference and took the 800 meters

mir ist auch bewusst, dass Millionen Menschen in den Entwicklungsländern dieses Glück nicht haben, weil deren Regierungen sich diese Medikamente und lebensverlängernden Behandlungsmethoden nicht leisten können. Die sechs Jahre, die ich bereits mit Aids lebe und behandelt werde, sind bislang die glücklichsten in meinem Leben gewesen. Und immer wenn ich ins Grübeln komme, denke ich an all meine Freunde, die an Aids sterben mussten, und schärfe mir ein, jeden einzelnen Tag zu genießen. Auch ich hätte 1985 mit 28 Jahren sterben können.

Bei den Gay Games 1998 in Amsterdam habe ich mir geschworen auch 2002 in Sydney dabei zu sein. Dort hielt ich bei der Amnesty International's Global Rights Conference einen Vortrag, lief bei den 800- und 1500-m-Wettkämpfen mit und schwamm, nur so zum Spaß, die 50-m-Freistil. Vor den Spielen hatte ich wegen Fuß- und Kniebeschwerden drei Jahre lang nicht trainiert und erst zwei Monate vor den Gay Games wieder damit angefangen. Daher war meine Zeit, 5:01 Minuten für die 1500 Meter, eine angenehme Überraschung – immerhin 50 Sekunden schneller als in Amsterdam und nur 14 Sekunden über meiner persönlichen Bestzeit in Vancouver 1990.

and 1,500 meters and, just for fun, the 50 meters freestyle swim. Having been off running for three years with foot and knee problems until just two months before the games, my time of 5:01 in the 1,500 meters was a very pleasant surprise: 50 seconds better than at Amsterdam in 1998 and only 14 seconds above my personal record at the 1990 Vancouver games.

Since 1986, taking part in the Gay Games has been my way of giving thanks for my health, and of always looking forward. For me, the Gay Games are a target, a landmark, an event I want to live for. Until July 2006 I'll be running and swimming to get ready for the 1st World Outgames. See you in Montréal!

P.S.: For all those readers who do not know their HIV status, my advice is to test and monitor, to avoid a stay in hospital or worse. To those who are HIV-negative, I say please keep it that way, for yourselves and for those who love you. Unlike many in my generation, you have the enormous good fortune to know that HIV exists, and what you need to do to protect yourselves from infection, pills, side effects, and an uncertain life expectancy. Trust me: No sex is so good that it's worth the risk of HIV!

Seit meiner ersten Teilnahme an den Gay Games 1986 sind die Spiele für mich zu einem Ritual geworden – meine Art, für meine Gesundheit zu danken und stets nach vorne zu blicken. Die Gay Games sind aber noch mehr für mich: Sie sind ein festes Ziel, ein Meilenstein in meinem Leben – ein Ereignis, für das es sich zu leben lohnt. So werde ich die nächsten zwei Jahre weiter trainieren, laufen und schwimmen, um bei den ersten Outgames dabei zu sein. Man sieht sich in Montréal!

P.S.: Meine große Bitte und mein Rat an die, die HIV-positiv sind und sich über ihre aktuellen Werte und ihren Gesundheitszustand im Unklaren sind: Lasst euch testen und behaltet die Werte im Auge, damit euch das Krankenhaus oder noch Schlimmeres erspart bleibt. All denen, die HIV-negativ sind, kann ich nur sagen: Sorgt dafür, dass es dabei bleibt! Das seid ihr euch selbst und denen, die euch lieben, schuldig. Denn im Gegensatz zu vielen meiner Altersgenossen wisst ihr, dass es AIDS überhaupt gibt. Und ihr wisst, was zu tun ist, um euch vor einer Ansteckung und einer mehr als ungewissen Lebenserwartung zu schützen. Glaubt mir: Kein Sex der Welt ist es wert, dieses Risiko einzugehen!

Chronologie der Gay Games

Chronology of the Gay Games

1981

Dr. Tom Waddell gründet mit interessierten Freunden den Verein „San Francisco Arts & Athletics“ (SFAA).

Dr. Tom Waddell founded the association “San Francisco Arts & Athletics” (SFAA) with interested friends.

1982

1. Gay Games in San Francisco (Challange ‘82), USA

1986

2. Gay Games in San Francisco (Triumph in ´96), USA

1987

Am 11.Juli 1987, stirbt der „Vater der Gay Games“, Dr. Tom Waddell, an Aids.

Dr. Tom Waddell – the “father of the Gay Games” - died because of Aids on 11th July, 1987

1990

Gay Games III (Celebration 90) in Vancouver/Canada by the Federation of Gay Games (FGG)

1994

Gay Games IV (Unity 94) in New York City/USA

1998

Gay Games V (Friendship 98) in Amsterdam/Netherlands

2002

Gay Games VI (Under new skies) in Sydney / Australia

2004

Gründung der GLISA (Gay & Lesbian International Sport Association) for Outgames

Foundation of GLISA (Gay & Lesbian International Sport Association) for Outgames

2006

1. World Outgames (Rendez-Vous) in Montréal/Canada by GLISA

Gay Games VII in Chicago/ USA by the Federation of Gay Games (FGG)

Chronologie der EuroGames
Chronology of the EuroGames

1992
I. EuroGames in
Den Haag/Netherlands

1993
II. EuroGames in
Den Haag/Netherlands

1995
III. EuroGames in
Frankfurt a.M./Germany

1996
IV. EuroGames in
Berlin/Germany

1997
V. EuroGames in Paris/France

1999
VI. EuroGames in
Cologne (Köln)/Germany

2000
VII. EuroGames in
Zurich/Switzerland

2001
Small EuroGames in
Hannover/Germany

2002
VIII. EuroGames in
Copenhagen/Denmark

2004
IX. EuroGames in
Munich/Germany

2005
X. EuroGames in
Utrecht/Netherlands

Adressen

Addresses

International Federations of LGBT Sports

European Gay & Lesbian Sport Federation (EGLSF)
http://www.gaysport.info/eglsf/

Federation of Gay Games (FGG)
www.gaygames.com

Gay and Lesbian International Sport Association (GLISA)
www.glisa.org

Associations of Teams in Individual Sports

Gay and Lesbian Field Hockey Players
www.pinkhockey.com

Gay and Lesbian Organisation for Racing and Yachting (GLORY)
www.glorysailing.org

Gay and Lesbian Rowing Federation
www.glrf.info

Gay and Lesbian Tennis Alliance (GLTA).
www.glta.net

International Association of Gay and Lesbian Martial Artists (IAGLMA)
www.iaglma.org

International Association of Gay/Lesbian Country Western Dance Clubs
www.iaglcwdc.org/

International Front Runners
www.frontrunners.org

International Gay and Lesbian Aquatics (IGLA)
www.igla.org

International Gay and Lesbian Ice Hockey Association (IGLIHA)
www.gayhockey.org

International Gay and Lesbian Football Association (IGLFA)
www.iglfa.org

International Gay Figure Skating Union (IGFSU)
www.igfsu.org

International Gay Bowling Association (IGBO)
www.igbo.org

Lesbian and Gay Band Association (LGBA)
www.gaybands.org

Wrestlers WithOut Borders
www.wrestlerswob.com

National Teams

Australia
Team Adelaide
http://homepages.ihug.com.au/%7Eteamadelaide/tapage2f.htm

Team Sydney
www.teamsydney.org.au

Austria
Aufschlag (Wien)
http://aufschlag.gay.or.at

Rainbow Sports Austria
http://sports.rainbow.or.at

Belgium
Active Company (Antwerpen)
www.activecompany.be

Auricula (Gent)
www.auricula.be

Brussels Gay Sport (BGS)
www.bgs.org

Canada
Équipe Montréal
www.equipe-montréal.com

Team Toronto
www.torontosports-alliance.com/links.htm

Team Vancouver
www.teamvancouver.net

Denmark
Danish D-Lite (Aarhus)
www.danishdlite.dk

Pan Idræt (Copenhagen)
www.panik.dk

Finland
HOT (Helsinki)
www.hot.fi

France
Equipe Paris (Fédération Sportive Gaie et Lesbienne)
www.fsgl.org

Germany
Abseitz (Stuttgart)
www.abseitz.de

Androgym (Münster)
www.androgym.de/index3.html

Artemis Sport (Frankfurt)
www.artemis-sport.de/sport.htm

BadMen (Karlsruhe)
www.badmen.de

Bonner Hupfdohlen
http://members.aol.com/hupfdohlen

Rainbow Sports (Aachen)
www.rainbow-sports-aachen.de

Rosa Löwen (Leipzig)
www.gaysport.info/rosa-loewen

Rosa Panther (Nürnberg)
www.rosapanther.de

Saaleperlen (Halle)
www.saaleperlen.de

SC AufRuhr (Ruhrgebiet)
www.sc-aufruhr.de

SC Janus e.V. (Cologne)
www.sc-janus.de

Seitenwechsel (Berlin)
www.seitenwechsel-berlin.de

SLS Leinebagger (Hannover)
www.leinebagger.de

Team München
www.team-muenchen.de

Volley Vous (Freiburg)
www.volley-vous.de

Vorspiel (Berlin)
www.vorspiel-berlin.de

Weiberkram (Düsseldorf)
www.weiberkram-duesseldorf.de/sport.htm

Hungary
Atlasz Sport Budapest
www.atlaszsport.hu

Netherlands
Goud (Groningen)
www.goudgroningen.nl

Ketelbinkie (Rotterdam)
www.ketelbinkie.net

Tijgertje (Amsterdam)
www.tijgertje.nl

Zoete Lieve Gerritje (Hertogenbosch)
www.zlgdenbosch.nl

South Africa
Team Johannesburg (TOGS)
www.togs.co.za

Spain
Halegatos (Madrid)
www.halegatos.com

Panteres Grogues (Barcelona)
www.panteresgrogues.org

Slovenia
Out in Slovenija (Ljubljana)
www.outinslovenija.com

Sweden
Lambda IF (Stockholm)
www.rfsl.se/stockholm/lambda

Switzerland
Gaysport Zürich
www.gaysport.ch

Lesbian & Gay Sport Regio Basel
www.lgsportbasel.ch

Swiss Gay and Lesbian Sports (SGLS)
www.sgls.ch

United States
Team Arizona
www.teamarizona.org

Team Chicago
www.teamchicago.org

Team Colorado of the Rockies
http://teamcolorado.us

Team DC
www.teamdc.org

Team LA (Gay and Lesbian Sports Alliance of Southern California)
www.lasportsalliance.org

Team New York
www.teamnewyork.org

Team Philadelphia
www.teamphiladelphia.org

Team San Francisco
www.teamsf.org

Team Seattle
www.teamseattle.org

Event Calendar

EuroGames Utrecht 2005
http://2005.eurogames.info

Gay Games VII Chicago
www.chicago2006.org

1st World Outgames
Montréal 2006
www.montreal2006.org

Cologne (SC Janus), Johannesburg (TOGS) and Paris are bidding for the Gay Games VIII in 2010:
http://www.gaygames.com/en/media/releases/2005/FGG050117PR/FGG050117PR.pdf

Games Berlin intends to bid for the Outgames 2009:
www.gamesberlin.info

Fotonachweis

Photographers

Matthias Bothor
Seite/page: 134

Philipp Braun
Seite/page: 3, 14, 36, 64, 94, 104, 120, 158, 176, 180

Bethel Fath
Seite/page: 83, 125, 143

Fotodesign Manfred Schür
Seite/page: 40, 44, 151, 152

Jolanta Gatzanis
Seite/page: 26, 60

www.gruene.at
Seite/page: 92

www.gruene.de
Seite/page: 7

Pressestelle EuroGames München
Seite/page: 72, 100

Senatskanzlei Berlin
Seite/page: 9

privat:
Rita Béres-Déak, Ansgar Grage, Bettina Keil, Susanne Kundt & Claudia Thomas, Ulrike Lösch, Till O. Scheurle, Andreas Stiene, Stanislav Dimitrov Tanchev, Michaela von der Hoeh, Tanja Walther

Georg Thum
Seite/page: 35, 39, 59, 77, 88, 98, 112, 132, 137, 162, 179

Agata Trojan
Seite/page: 2

Impressum

Imprint

Let the Games beGay
Deutsche Erstausgabe, First german edition
Copyright© 2005 by Gatzanis Verlag (Gatzanis GmbH), Stuttgart, Germany
www.gatzanis.com

Herausgeber/editor:
LSVD (Lesben- und Schwulenverband in Deutschland)/ Lesbian and Gay Federation in Germany, Philipp Braun, Köln (www.lsvd.de)

Autoren/authors:
Alan J. Anderson, Rita Béres-Déak, Andrea Bräuning, Rodney Croome, Ulrike Folkerts, Nora Goedhart & Kathleen Peters, Ansgar Grage, Christine Gundlach, Hilary Johnson, Bettina Keil, Sebastian Kühnen, Susanne Kundt & Claudia Thomas, Ulrike Lunacek, Ulrike Lösch, Johnny Manzon-Santos, Sascha C. Falk Mrotzek, Juan Carlos Paniagua Soto, Claudia Peiser, Carlos Perera, Andy Quan, Till O. Scheurle, Andreas Stiene, Stanislav Dimitrov Tanchev, Mark Tewksbury, Osie van der Merwe, Isabel Varell, Michaela von der Hoeh, Tanja Walther, Hartley Williams, Robert Wintemute

Interview mit Jimmy Somerville: Andrea Bräuning

Lektorat/editorial office:
Heike Bosch

Übersetzung/translation:
Heike Bosch, Heilbronn

Korrektorat/proof reader:
Willi Sackmann, Stuttgart

Gestaltung und Satz/design and typesetting:
Christine Meves, Berlin

Repro/litho:
Christina Kiessling, Stuttgart

Gesamtherstellung/complete production:
NINO Druck, Neustadt (Wstr.)

Cover Photo: ZEFA, Galvezo